부모은중경

목련경, 우란분경, 삼세인과경

큰글씨 한글경전

부모은중경

2021년 4월 5일   초판 1쇄 발행

지은이   경전연구모임
펴낸이   이규만
디자인   B&D
펴낸곳   불교시대사

출판등록   1991년 3월 20일 제300-1991-27호
주소   (우)03149 서울시 종로구 인사동 7길 12 백상빌딩 1305호
전화   02 - 730 - 2500
팩스   02 - 723 - 5961
이메일   kyoon1003@hanmail.net

ISBN 978-89-8002-162-8   04220
ISBN 978-89-8002-161-1   04220(세트)

부모은중경, 목련경, 우란분경, 삼세인과경

경전연구모임

불교시대사

1% 나눔의 기쁨

《부모은중경》, 《목련경》, 《우란분경》, 《삼세인과경》에 대한 해설

불교가 인도, 중국을 거쳐 우리나라에 전래되면서 특히 조선시대에 이르러 가장 큰 쟁점의 하나로 떠오른 것은 바로 효(孝)에 관한 문제였다. 특히 유교적인 가르침이 사회 전반적인 이데올로기로 큰 영향력을 미치고 있을 때, 출가하여 깨달음을 얻으라는 불가의 가르침은, 도저히 함께 공존할 수 없는 것처럼 여겨지기도 했다.

그러나 우리 민족은 그런 시대에서 조차 불교라는 거대한 물줄기를 가두어 두거나 부인하지 않았다. 오히려 하나의 고리, 하나의 인과(因果)로 '불교와 효도'라는 명제가 이어져 있고, 부처님 가르침의 가장 근본이라는 적극적인 자세로 해명하기에 이른 것이다.

통칭하여 효경(孝經)이라 이름하는 《부모은중경》《목련경》《우란분경》은 바로 그러한 불교적인 효도(孝道)의 정신과 당위성에 대해 설하고 있다.

재가신도나 출가 수행자를 막론하고, 자식으로서 효도를 실천할 때만 그는 참다운 부처님의 가르침을 받들 수 있다는 게 이런 효경(孝經)을 뒷받침하는 사상이다. 《부모은중경》이 사람으로 태어나 왜 부모에게 효도해야 하는가, 그 물음에 대한 답을 차근차근 불교적인 관점에서 해명해 놓은 경전이라면《목련경》《우란분경》은 출가 수행자들이 부모를 어떻게 섬겨야 하는가 하는 문제에 대해 언급하고 있다.

《부모은중경》은 모두 10장으로 나누어져 있다. 첫 장은, 부처님께서 길을 가시다가 한 무더기의 뼈를 보시고 오체투지하여 예배하시는 장면으로부터 시작된다.

'전생의 조상이거나 여러 대에 걸친 부모일 것이므로 예배하노라'라는 부처님의 말씀은 다음 장, 잉태의 순간에서부터 세상을 떠나는 마지막까지 자식걱정을 떨쳐 버리지 못하는 가없는 부모님의 은혜와 사랑에 대한 이야기로 이어지고 있다.

《부모은중경》은 유교가 위세를 떨치던 조선 시대에 오히려 더욱 널리 읽히던 대중적인 경전이었다는 점에서 매우 흥미롭다. 특히 조선 초기부터 삽화를 곁들인 판본이 유행했는데, 한글이 세종대왕에 의해 창제되고 나서는 언해본 출판도 성행했다. 지금 남아있는 판본 중에는 정조임금이 펴낸 한문, 한글이 병기된 화성 용주사(龍珠寺)본이 유명하다. 더욱이 이 판본은, 조선시대 손꼽히는 화가의 한 사람인 김홍도의 그림이 곁들여져, 당시 사람들의《부모은중경》에 대한 관심을 짐작할 수 있게 한다.

《목련경》《우란분경》은 출가수행자인 목련이 자신의 어머니가 생전의 악업으로 인해 모진 지옥고에서 고통받고 있음을 알고, 부처님의 위신력으로 구제하는 내용으로 이루어져 있다.

어머니를 지옥고에서 벗어나게 하고자 하는 목련의 비원(悲願)에 대해 부처님은, 음력 7월 15일, 우란분 법식을 갖추어 공양하라고 말씀하시고 있다.

우리나라 민속 절기의 하나인 백중(음력 7월 15일)이 바로 우란분 공양을 하기 위해 사람들이 부처님을 찾던 날이다. 우란분 공양을 올리면 현세의 부모와 칠세(七世)의 모든 조상들의 혼백이 지옥고를 벗어나 평안하리라는 믿음과 약속이 이 경전에 밝혀져 있다.

《삼세인과경》은 위에서 말한 《효경》과는 조

금 다른 갈래이지만, 선업선과(善業善果), 악업
악과(惡業惡果)라는 부처님의 기본적인 가르침
에 의거해, 인연의 도리가 얼마나 추호의 어긋
남 없이 이 땅에서 그대로 이루어지는가를 설하
고 있다. 그리고 모든 일의 결과인 과보는 우연
적이고 도발적인 사태가 아니라, 자신의 행위나
욕망에서 빚어진 필연이라는 사실을 여러 가지
예화를 통해 누누이 강조하고 있다.

이 책에 모인 이런 경전들은 심오하고 철학적
인 관념체계라기 보다는 가장 소박한 인간의 길
을 불교적인 관점에서 해명하고 있다는 데 그
특징을 찾을 수 있다. 가장 인간적인 길을 성실
하게 추구하는 자만이 부처님의 가르침에 가까

이 다가갈 수 있고 깨달음의 길 또한 확실하게 걸어갈 수 있다는, 하나의 방편을 제시한 경들이다. 불교가 멀리 인도에서 시작되었지만 우리나라에 전해지면서, 우리 민족의 심성에 뿌리박고 어떻게 우리의 가치관이나 정서에 스며들어 화려하게 꽃피었는가, 이런 의문에 대한 해명을 위의 경전들을 통해 살필 수 있다는 점에서 이 경전들은 오늘날에도 우리에게 여전히 중요한 경전으로 자리 잡고 있는 것이다.

차례

부모은중경

제1장　이 경을 설한 인연

이와 같이 나는 들었다.

한때 부처님께서 사위국의 왕사성 기수급고독원(祇園精舍)에서 큰 비구 3만 8천과 여러 보살마하살과 함께 계셨다.

제2장　마른 뼈의 가르침

그 때에 부처님께서 대중들과 함께 남쪽으로 가시다가 한 무더기의 마른 뼈를 보셨다. 부처님께서는 오체투지로 마른 뼈에 예배하셨다.

이를 보고 아난이 부처님께 여쭈었다.

"부처님이시여, 여래께서는 삼계의 큰 스

승이시며, 사생의 자비로운 아버지이시며, 여러 사람들이 귀의해 존경하옵는데 어찌하여 마른 뼈에 예배하시옵니까?"

부처님께서 아난에게 말씀하셨다.

"네가 비록 나의 뛰어난 제자이고, 출가한 지도 오래되었지만 아직 널리 알지는 못하는구나. 이 한 무더기의 뼈가 혹시 나의 전생의 오랜 조상이나 부모님의 뼈일 수도 있기에 내가 지금 예배를 하는 것이니라."

부처님께서 다시 아난에게 이르셨다.

"네가 이제 이 한 무더기의 마른 뼈를 둘로 나누어 보아라. 만일 남자의 뼈라면 희고 무거울 것이며, 여자의 뼈라면 검고 가벼울 것이니라."

아난은 의문이 풀리지 않아 부처님께 다시 여쭈었다.

"부처님이시여, 남자는 이 세상에 살아있을 때 큰 옷을 입고 띠를 두르고 신을 신고, 사모로 장식하고 다니기에 남자의 몸인 줄 압니다. 또한 여자는 세상에 살아있을 때 연지와 곤지를 곱게 찍고 난초와 사향으로 치장하고 다니기에 여인의 몸 인줄 알게 됩니다. 그러나 지금처럼 죽은 후의 백골은 모두 같사온데 저로 하여금 어떻게 구별해 보라고 하시옵니까?"

부처님께서 아난에게 말씀하셨다.

"만일 남자라면 세상에 있을 때에 절에 가서 강의도 듣고 경도 외우며, 삼보에 예배하고 부처님의 이름도 생각했을 것이므로 그 뼈는 희고 또한 무거울 것이다. 그러나 반대로 여자라면 세상에 있을 때 음욕에나 뜻을 두고, 아들딸을 낳고 키움에 있어, 한

번 아이를 낳을 때마다 서 말 서 되나 되는 엉킨 피를 흘리며 자식에게 여덟 섬 너 말이나 되는 흰 젖을 먹여야 한다. 그런 까닭으로 뼈가 검고 가벼우니라."

아난이 이 말씀을 듣고 어머님 생각에 마음이 마치 칼로 베이는 것처럼 아팠다. 그래서 슬프게 눈물을 흘리며 부처님께 여쭙기를,

"부처님이시여, 어머니의 은덕을 어떻게 갚아야 되겠습니까?"

제3장 잉태했을때의 고통

부처님께서 아난에게 말씀하시길
"이제 자세히 새겨 들어라. 내가 너를 위

하여 소상하게 말해주리라. 어머니가 아이
를 갖게 되면 열 달 동안 그 고통과 수고가
말할 수 없느니라.

어머니가 아이를 잉태한 지 첫 달이 지나
면 그 기운이 마치 풀 위에 맺힌 이슬과 같
아서 아침에는 잘 보존하나 저녁에는 보존
하지 못한다. 이는 이른 새벽에는 피가 모여
들었다가 낮이 되면 흩어지기 때문이다.

어머니가 잉태한 지 두 달이면 아이가 마
치 엉킨 우유와 같게 되느니라.

어머니가 잉태한 지 셋째 달에는 아이가
마치 엉킨 피와 같으니라.

어머니가 잉태한 지 넷째 달에는 점차로
사람의 모양을 갖추게 되며,

어머니가 잉태한 지 다섯 달이 되면 아이
가 뱃속에서 다섯 부분의 모양이 생겨나게

된다. 이 다섯 부분의 모양이란 머리가 한 부분이고, 두 팔꿈치를 합하여 셋이 되며, 무릎을 합하여 모두 다섯 부분이 되느니라.

어머니가 잉태한 지 여섯 달이 되면 아이가 어머니 뱃속에서 여섯 가지 정기(六精)가 열리게 되느니라. 여섯 가지 정기란, 첫째 눈이 한 정기요, 둘째 귀가 한 정기이며, 셋째 코가 한 정기이며, 넷째 혀가 한 정기이고, 다섯째 몸이 한 정기이며, 여섯째 뜻이 한 정기이니라.

어머니가 잉태한 지 일곱 달이 되면 아이가 어머니 뱃속에서 3백 6십 뼈마디와 8만 4천의 털구멍이 생기게 되느니라.

어머니가 잉태한 지 여덟 달이 되면 그 뜻과 꾀가 생기고 아홉 개의 구멍이 뚜렷하게 되느니라.

어머니가 잉태한 지 아홉 달이 되면 아이가 어머니의 뱃속에서 무엇인가를 먹게 된다. 복숭아나, 배, 마늘은 먹지 않고 오곡만을 먹게 되느니라.

　어머니의 생장은 아래로 향하고, 숙장은 위로 향한 사이에 한 산이 있는데 세 가지 이름을 갖느니라. 한 이름은 수미산이요, 또 한 이름은 업산이요, 또 한 이름은 혈산이다. 이 산이 한번 무너지게 되면 한 덩어리의 엉킨 피가 되어서 태아의 입 속으로 흘러들게 되느니라.

　어머니가 잉태한 지 열 달이 되면 비로써 태어나게 되는데 만일 효순(孝順)할 아들이라면, 두 손을 모아 합장하고 나오므로 어머니의 몸을 상하지 않게 한다. 그러나 만일 오역의 죄를 범할 자식이면 어머니의 아기집을 찢어 놓고, 손으로는 어머니의 심장이나 간을 움켜쥐며, 다리로는 어머니의 엉덩이뼈를 밟아서 어머니로 하여금 마치 1천 개의 칼로 배를 쑤시며 1만 개의 송곳으로 심장을 쑤시는 것처럼 고통을 주게 된다. 이런 고통을 겪으면서 아기를 낳은 뒤에도 오히려 열 가지 은혜가 있는 것이다."

제4장 낳으시고 기르신 은혜

첫째, 아이를 잉태하여 지키고 보호해 주신 은혜를 노래하노라.

여러 겁 거듭하여 온 깊은 인연으로
금생에 다시 와서 모태에 들었네.

날이 지나고 달이 지나서 오장이 생겨나고
여섯 달이 되어서 육정이 열렸네.
한 몸뚱이 무겁기가 산악과 한 가지요
가고 오는 몸놀림에 바람과 재앙 조심하며
좋고 좋은 비단옷 모두 다 입지 않고
매일 단장하던 거울에는 티끌만 묻었네.

둘째, 아이를 낳으실 때 수고하신 은혜를
노래하노라.

아이를 배어 열 달 지나
어려운 해산날이 다가오면
아침마다 흡사 중병 든 사람 같고
나날이 정신마저 흐려지고
두렵고 겁난 마음 어이 다하랴
근심 짓는 눈물은 흉금을 채우고

슬픈 빛을 띠우고 주위에 하는 말
이러다가 죽지 않나 겁이 나네.

셋째, 자식을 낳고 모든 근심을 잊어버리
신 은혜를 노래하노라.

자비로운 어머니 그대가 날 낳으신 날
오장이 모두 열려 벌어진 듯
몸과 마음이 함께 까무러쳤고
피를 흘려놓은 것이 양을 잡은 듯하네.
낳은 아이 건강하다는 말 듣고
그 환희가 배로 늘었네.
기쁨이 가라앉자 다시 슬픔이 오고
아픔이 심장까지 미치네.

넷째, 쓴 것은 삼키시고 단 것은 뱉어 먹이시는 은혜를 노래하노라.

　무겁고도 깊으신 부모님 은혜
　베푸시고 사랑하심 한 때도 변치 않고
　단 것은 다 뱉으시니 잡수실 것 무엇이며
　쓴 것만을 삼키셔도 싫어함이 없으시네.
　사랑이 무거우니 정을 참기 어렵고
　은혜가 깊으니 슬픔만 더하도다.
　다만 어린 자식 배부르기만 바라시고
　자비하신 어머니 굶주려도 만족하시네.

다섯째, 마른자리 아이 누이시고 젖은 자리 누우시는 어머니 은혜를 노래하노라.

　어머니 당신은 젖은 자리 누우시고

아이는 안아서 마른자리 누이시네.
두 젖으로는 목마름을 채워 주시고
고운 옷소매로는 찬바람 막아 주시네.
아이 걱정에 밤잠을 설치셔도
아이 재롱으로 기쁨을 다하시네.
오직 하나 아이를 편하게 하시고
자비하신 어머니 불편도 마다 않으시네.

여섯째, 젖을 먹여 길러주신 은혜를 노래하노라.

어머니의 깊은 은혜 땅과도 같고
아버지의 높은 은혜 하늘과 같네.
깊은 마음 땅과 같고, 높은 마음 하늘같아
어머니마음 그러하고, 아버지마음 그러하네.
두 눈이 없다 해도 좋아하는 마음 끝이 없고

손발이 불구라 해도 귀여워하시네.
내 몸 속에서 키워 낳으신 까닭에
온 종일 아끼시며 사랑하시네.

일곱째, 깨끗하지 못한 것을 씻어주신 은
혜를 노래하노라.

아아, 아름답던 옛 얼굴
아리따운 그 모습 소담하신 몸매.
푸른 눈썹은 버들빛을 가른 듯
붉은 두 뺨은 연꽃빛을 안은 듯
은혜가 더할수록 그 모습은 여위었고
더러움 씻기다 보니 이마에 주름만 느네.
아아, 아들 딸 생각하는 가없는 노고
어머니의 얼굴이 저리 변하였네.

여덟째, 자식이 멀리 나갔을 때 걱정하시는 은혜를 노래하노라.

죽어서 이별이야 말할 것도 없고
살아서 생이별 또한 고통스러운 것.
자식이 집 떠나 멀리 나가면
어머니의 마음 또한 타향에 가 있네.
낮이나 밤이나 자식 뒤쫓는 마음
흐르는 눈물은 천 갈래 만 갈래
새끼를 사랑하는 어미원숭이 울음처럼
자식 생각에 애간장이 녹아나네.

아홉째, 자식을 위한 마음으로 나쁜 업을 행하시는 은혜를 노래하노라.

아버지 어머니 은혜 강산같이 소중하나

갚고 갚아도 갚기 어려워라.
자식의 괴로움 대신 받기 원하시고
자식이 고단하면 어머니 마음 편치 않네.
자식이 먼 길 떠난다는 말 들으시면
가는 길 밤 추위 걱정하시네.
아들딸의 잠깐 고생도
어머니는 오래도록 마음 졸이네.

열째, 끝없는 자식사랑으로 애태우시는
은혜를 노래하노라.

깊고 무거운 부모님의 크신 은혜
베푸신 큰 사랑 잠시도 그칠 새 없네.
앉으나 일어서나 마음을 놓지 않고
멀거나 가깝거나 항상 함께 하시네.
어머님 연세 백세가 되어도

팔십 된 자식을 항상 걱정하시네.
부모님의 이 사랑 언제 끊어지리까.
이 목숨 다할 때까지 마치오리.

제5장 부모님 은혜를 잊어버리는 불효

부처님께서 다시 아난에게 말씀하셨다.
"내가 중생을 보니 비록 사람의 모양은 하였으나 마음과 행동이 어리석고 어두워 부모님의 크신 은혜와 덕을 알지 못하느니라. 그래서 부모를 공경하는 마음을 잃고 은혜를 버리고 덕을 배반하며, 어질고 자비로움이 없어서 효도를 하지 않고 의리가 없느니라."

부처님께서 계속하여 말씀하셨다.

"어머니가 아이를 가져 열 달 동안은 일어서고 앉는 것이 매우 불편하여 무거운 짐을 진 것과 같고 음식이 잘 소화되지 않아서 마치 큰 병든 사람과 같다. 달이 차서 아이를 낳을 때도 고통이 심하여 잠깐 동안의 잘못으로 죽게 되지 않을까 하는 두려움에 싸이며, 돼지나 양을 잡은 것처럼 피가 흘러 땅을 적신다. 온갖 고통을 이처럼 받으신 뒤, 이 몸을 낳아서 쓴 것은 삼키고 단 것은 뱉어 먹이시며 안아주고 업어서 기르신다. 더러운 것을 빨아도 싫어하지 않으시고 더운 것도 참고, 추운 것도 참아 온갖 고생 마다 않으신다. 마른 곳을 골라서 자식을 누이시고 자신은 젖은 곳도 사양하지 않고 주무신다.

3년 동안 어머니의 젖을 먹고 자라서 마침내 나이가 들면 예절과 의리를 가르치며, 시집장가 들이고 벼슬자리에 내보내기 위하여 공부도 시키고 직업도 갖게 한다. 이렇게 애써 가르쳐도 은혜로운 정이 끊겼다고는 말할 수 없다.

 아들딸이 병이라도 들게 되면 부모님 또한 병이 생기며, 자식의 병이 나아야 자애로운 부모님의 병 또한 나으신다. 이렇게 기르시면서 하루빨리 어른이 되기를 바라신다."

 부처님께서 계속 말씀하셨다.

 "이윽고 자식이 다 자란 뒤에는 도리어 불효를 행한다. 부모와 함께 이야기를 나눌 때 마음에 맞지 않는다고 눈을 흘기고 눈동자를 굴린다. 큰 아버지와 작은 아버지도 속이고 형제간에 서로 때리고 따르지 않고, 부모님의 가르침과 지시도 따르지 않고 형제 간의 말도 일부러 어긴다.

출입하고 왕래함에 있어서도 어른께 말 씀드리기는커녕 말과 행동이 교만하여 매 사를 제멋대로 처리한다.

이런 것을 부모가 타이르고, 어른들이 그 른 것을 바로 말해 주어야 하거늘 어린 아이 라고 어여쁘게 생각하여 웃어른들이 덮어 주기만 한다.

그래서 점점 커가면서 사나워지고 비뚤 어져서 잘못한 일도 반성하지 않고 오히려 성을 내게 된다.

또한 좋은 벗을 버리고 나쁜 사람을 벗으 로 사귄다. 그러한 나쁜 습성이 천성이 되 어 몹쓸 계획을 세우며, 남의 꾐에 빠져 타 향으로 도망쳐가서 마침내는 부모를 배반하게 된다.

집을 떠나고 고향을 이별하여 혹 장삿길로 나가거나 혹 싸움터에 나가 지내다가 갑자기 객지에서 결혼이라도 하게 되면 이로 말미암아 오랫동안 집에 돌아오지 못하게 된다.

혹은 타향에서 잘못하여 남의 꾐에 빠져 횡액으로 갇히게 되어 억울하게 형벌을 받기도 하며, 감옥에 갇혀 목에 칼을 쓰고 손발에 쇠고랑을 차기도 한다.

혹 우연히 병을 얻어 고난을 당하거나 모질고 사나운 운수에 얽혀 고통과 고난에 배고프고 고달파도 누구 하나 보살펴주는 사람이 없다. 남의 미움과 천대를 받아 거리에 나앉는 신세가 되어 죽게 되어도 구해주고 돌보아 줄 사람이 없다.

죽게 되어 시체는 부풀어 터지고 썩어서 볕에 쬐고 바람에 날려 백골만 뒹굴게 된다.

이렇게 타향 땅에 버려져서 친척들과 함께 만나 즐겁게 지내기는 영영 멀어진다.

이렇게 되면 부모는 자식을 뒤쫓아 항상 근심하고 걱정으로 산다. 혹은 울다가 눈이 어두워지기도 하며, 혹은 비통하고 애끓는 마음에 기가 막혀 병이 되기도 한다. 혹은 자식 생각에 몸이 쇠약해서 죽기도 하며, 이로 인해 외로운 혼이 원한이 되어서 끝내 잊어버리지 못한다.

혹은 다시 들으니, 자식이 효도와 의리를 숭상하지 않고, 나쁜 무리들과 어울려서 무례하고, 추악하고, 거칠고 사나워져서 무익한 일을 익히기 좋아하고, 남과 싸우며, 도둑질하고, 술 마시고 노름을 하며, 여러 가지 과실을 저지른다. 이로 인해 형제에게까지 그 누를 끼치며 부모의 마음을 어지럽게 한다. 새벽에 나갔다가 저녁 늦게야 돌아와서 부모를 근심에 싸이게 한다.

부모의 생활형편이 춥거나 더운 것에는 조금도 아랑곳하지 않고, 아침저녁이나 초하루 보름에도 부모를 편히 모실 생각은 추호도 하지 않는다. 부모가 나이 들어 쇠약하여 모습이 보기 싫게 되면 오히려 남이 볼까 부끄럽다고 괄시와 구박을 한다.

혹은 또 아버지가 홀로되거나 어머니가 홀로되어 빈 방을 혼자서 지키게 되면, 마치 손님이 남의집살이하는 것처럼 여겨 평상과 자리의 먼지와 흙을 털고 닦을 때가 없으며, 부모가 있는 곳에 문안하거나 살펴보는 일이 없다. 방이 추운지 더운지, 부모가 배가 고픈지 목이 마른지 일찍이 알 까닭이 없다.

이리하여 부모는 밤낮으로 스스로 슬퍼하고 탄식을 한다.

혹 맛있는 음식을 얻으면 이것으로 부모님께 봉양해야 함에도 불구하고 이를 도리어 부끄럽게 여기고 다른 사람들이 비웃는다고 하면서도, 혹 좋은 음식을 보면 이것을 가져다가 제 아내와 자식은 주면서도 추하고 못났다 하지 않고 피로하고 수고스럽지만 부끄럽다 하지 않는다.

또 아내와 첩에 대한 약속은 무슨 일이든지 잘 지키면서도 부모의 말씀과 꾸지람은 전혀 어렵고 두렵게 생각하지 않는다.

혹은 딸자식일 경우 남의 배필이 되어 시집가게 되면, 시집가기 전에는 모두 효도하고 순종하더니 혼인을 한 후에는 불효한 마

음이 점점 늘어난다. 부모가 조금만 꾸짖어
도 원망하면서 제 남편이 때리고 꾸짖는 것
은 이를 참고 달게 여긴다.

성이 다른 남편 쪽 어른에게는 정이 깊고
사랑이 넘치면서 자기의 육친에게는 도리
어 소원하게 대한다. 혹 남편을 따라서 타향
으로 옮겨가게 되면, 부모를 이별하고서도
사모하는 마음이 없으며 소식도 끊어지고
편지도 없게 된다.

그리하여 부모는 간장이 끊어지고 오장
육부가 뒤집힌 듯하여, 딸의 얼굴을 보고 싶
어 하는 것이 마치 목마른 때에 물을 생각하
듯 간절하여 잠시도 쉴 새가 없게 된다.

이렇게 부모의 은덕은 한량이 없고 끝이
없건만 불효의 죄는 이와 같이 이루 다 말
할 수가 없다."

제6장 부모님 은혜 갚기의 어려움

이 때 모든 사람들이 부처님께서 말씀하시는 부모님의 은덕을 듣고 몸을 일으켜 땅에 던지고 스스로 부딪혀 몸의 털구멍마다 모두 피를 흘리며 기절하여 땅에 쓰러졌다. 한참 후에 깨어나서 큰 소리로 부르짖었다.

"괴롭고 슬퍼서 마음이 아픕니다. 우리들은 이제야 죄인임을 깊이 알게 되었습니다. 그 동안은 아무것도 몰라서 깜깜하기가 마치 밤에 길을 걷는 것 같더니 이제 비로소 잘못된 것을 깨닫고 보니 심장과 쓸개가 모두 부서지는 듯 싶습니다.

바라옵건대 부처님이시여, 불쌍히 여기시어 구제해 주시옵소서. 어떻게 해야 부모님의 깊은 은혜를 헤아려 갚겠습니까?"

이 때 부처님께서는 여덟 가지의 깊고도 무거운 범음으로 여러 사람들에게 말씀하셨다.

"너희들은 마땅히 알아야 할 것이다. 내가 이제 너희들을 위하여 분별해서 설명하리라.

가령 어떤 사람이 왼쪽 어깨에 아버지를 모시고 오른쪽 어깨에 어머니를 모시고, 피부가 닳아져 뼈에 이르고 뼈가 닳아져 골수에 미치도록 수미산을 백 천 번을 돌더라도 오히려 부모님의 은혜는 갚을 수가 없느니라.

가령 어떤 사람이 굶주리는 흉년의 액운을 당해서 부모를 위하여 자기의 몸뚱이를 도려내어 티끌같이 잘게 갈아서 백 천겁이 지나도록 하여도 오히려 부모님의 깊은 은혜는 갚을 수 없느니라.

가령 어떤 사람이 잘 드는 칼로써 부모님을 위하여 자기의 눈동자를 도려내어 부처님께 바치기를 백 천겁이 지나도록 하여도 오히려 부모님의 깊은 은혜를 갚을 수 없느니라.

가령 어떤 사람이 부모님을 위하여 아주 잘 드는 칼로 그의 심장과 간을 도려내어 피가 흘러 땅을 적셔도 아프다는 말을 하지 않고 괴로움을 참는 고통이 백 천겁이 지난다 하더라도 오히려 부모님의 깊은 은혜는 갚을 수 없느니라.

가령 어떤 사람이 부모님을 위하여 아주 잘 드는 칼로 자기의 몸을 찔러 칼날이 좌우로 드나들기를 백 천겁이 지나도록 하더라도 오히려 부모님의 깊은 은혜는 갚을 수가 없느니라.

가령 어떤 사람이 부모님을 위하여 몸을 심지로 삼아 불을 붙여서 부처님께 공양하기를 백 천겁이 지나도록 하더라도 오히려 부모님의 깊은 은혜는 갚을 수 없느니라.

가령 어떤 사람이 부모님을 위하여 뼈를 부수고 골수를 꺼내며, 또는 백 천 개의 칼과 창으로 몸을 쑤시기를 백 천겁이 지나도록 하여도 오히려 부모님의 은혜는 갚을 수가 없느니라.

가령 어떤 사람이 부모님을 위하여 뜨거운 무쇠탄환을 삼켜 온 몸이 불타도록 하기를 백 천겁이 지나도록 하여도 오히려 부모님의 깊은 은혜는 갚을 수가 없느니라.”

이 때에 모든 사람들은 부처님께서 말씀하시는 부모님의 깊은 은덕을 듣고 눈물을 흘리고 슬피 울면서 부처님께 여쭈었다.

"부처님이시여, 저희들이 이제야 큰 죄인임을 알았습니다. 어떻게 해야 부모님의 깊은 은혜를 갚을 수 있겠습니까?"

부처님께서 제자들에게 말씀하시기를,

"부모님의 은혜를 갚으려거든 부모님을 위하여 이 경을 쓰고, 부모님을 위하여 이 경을 독송하며, 부모님을 위하여 죄와 허물을 참회하고, 부모님을 위하여 삼보를 공경하고, 부모님을 위하여 재계를 받아 지니며, 부모님을 위하여 보시하고, 복을 닦아야 하느니라.

만일 능히 이렇게 하면 효도하고 순종하는 자식이라 할 것이요. 이렇지 못한다면 이는 지옥에 떨어질 사람이니라."

제7장 불효에 대한 과보

부처님께서 아난에게 말씀하셨다.

"불효한 자식은 몸이 무너져 목숨을 마치게 되면 아비무간지옥에 떨어지느니라.

이 큰 지옥은 길이와 넓이가 팔만 유순이나 되고, 사면에는 무쇠 성이 둘러 있고, 그 주위에는 다시 철망으로 둘러싸여 있느니라. 그리고 그 땅은 붉은 무쇠로 되어 있는데 거기서는 불길이 맹렬히 타오르며 우레가 치고 번개가 번쩍이느니라.

여기서 끓는 구리와 무쇠 녹인 물을 죄인의 입에 부어 넣으며, 무쇠로 된 뱀과 구리로 된 개가 항상 연기와 불을 토하는데 이 불은 죄인을 태우고 지지고 볶아 기름이 지글지글 끓게 되니 그 고통과 비통함은 견딜 수가 없느니라.

　그 위에 무쇠채찍과 무쇠꼬챙이, 무쇠망치와 무쇠 창, 그리고 칼과 창이 비와 구름처럼 공중으로부터 쏟아져 내려 사람을 베고 찌른다. 이렇게 죄인들을 괴롭히고 벌을 내리는 것을 여러 겁이 지나도록하여 고통을 받게 하는 것이 쉴 사이가 없느니라.

　또 이 사람을 다시 다른 지옥으로 데리고 가서 머리에 화로를 이고 무쇠수레로 사지를 찢으며, 창자와 살과 뼈가 불타고 하루에도 천만번 죽고 살게 한다.

　이렇게 고통을 받는 것은 모두 전생에 오역의 불효죄를 저질렀기 때문이니라."

제8장 부모님의 은혜를 갚는 길

이 때 모든 사람들이 부처님께서 부모님의 은덕을 말씀하시는 것을 보고 눈물을 흘리고 슬피 울면서 부처님께 여쭈었다.

"저희들이 이제 어떻게 해야 부모님의 깊은 은혜를 갚을 수 있겠습니까?"

이에 부처님은 제자들에게 말씀하셨다.

"부모님의 은혜를 갚고자 하거든 부모님을 위하여 이 경전을 다시 펴는 일을 한다면 이것이 참으로 부모의 은혜를 갚는 것이 되느니라.

경전 한 권을 펴내면 한 부처님을 뵈옵는 것이오, 백 권을 펴내면 백 부처님을 뵈옵는 것이오, 천 권을 펴내면 천 부처님을 뵈옵는 것이오, 만 권을 펴내면 만 부처님을 뵈옵는 것이니라.

　이렇게 한 사람은 경을 펴낸 공덕으로 모든 부처님들이 오셔서 항상 옹호해 주시는 까닭에 이 사람이 부모로 하여금 천상에서 태어나게 하여 모든 즐거움을 받으며 지옥의 괴로움을 영원히 여의게 되느니라."

제9장 부처님께 맹세

　이때 여러 사람 가운데 아수라 · 가루라 · 긴나라 · 마후라가 · 인(人) · 비인(非人) · 천(天) · 용 · 야차 · 건달바와 또 여러 작은 나라의 왕들과 전륜성왕과 모든 사람들이 부처님의 말씀을 듣고 각각 이렇게 발원했다.

"저희들은 오는 세상이 다하도록 차라리 이 몸이 부서져 작은 먼지같이 되어서 백 천 겁을 지낼지언정 맹세코 부처님의 가르침을 어기지 않겠습니다.

또 차라리 백 천 겁 동안 혀를 백 유순이 되도록 빼어내어 이것을 다시 쇠 맷돌에 갈아서 피가 흘러 내를 이룬다 해도 맹세코 부처님의 가르침을 어기지 않겠습니다.

또 차라리 백 천 자루의 칼로 이 몸을 좌우로 찌르더라도 맹세코 부처님의 가르침을 어기지 않겠습니다.

또 차라리 작두와 방아로 이 몸을 썰고 찧고 하여 백 천만 조각을 내어 가죽과 살과 힘줄과 뼈가 모두 가루가 되어 백 천겁을 지나더라도 끝까지 부처님의 가르침을 어기지 않겠습니다."

제10장 이 경의 명칭

이 말을 듣고 아난이 부처님께 여쭈었다.

"부처님이시여, 이 경을 무엇이라 이름하며 어떻게 받들어 지니오리까?"

부처님께서 아난에게 말씀하셨다.

"이 경은 《대부모은중경》이라 할 것이며 이렇게 이름을 지어 너희들은 항상 받들어 지닐지니라."

이 때 모든 사람 가운데 천(天)·인(人)·아수라 등이 부처님 말씀을 듣고 모두 크게 기뻐하여 이 말을 믿고 받들어 그대로 행할 것을 맹세하고 절하고 물러갔다.

보부모은진언 (報父母恩眞言)

나모 삼만다 못다남 옴 아아나 사바하

왕생정토진언(往生淨土眞言)
나모 삼만다 못다남 옴 싯데율이 사바하

대보부모은중진언(大報父母恩重眞言)
나모 삼만다 못다남 옴 아아나 사바하(7번)

다생부모 왕생정토진언(多生父母往生淨土眞言)
나모 삼만다 못다남 옴 싯데율이 사바하(7번)

원이차공덕 보급어일체
아등여중생 당생극락국
동견무량수 개공성불도.

목건련경
(지옥 여행)

옛날 왕사성 가운데 한 장자가 있었다. 그의 이름은 부상(傳相)이라 했다. 그는 큰 부자여서 낙타·나귀·코끼리·말이 산과 들에 가득하고, 비단과 진주가 창고에 가득했으며, 여러 사람에게 나누어준 것도 그 수를 알 수 없을 만큼 많았다.

그는 말할 때 언제나 웃음을 머금어서 남의 뜻을 거스르지 않고 육도(六度) 가운데서 항상 육바라밀을 행했다. 그러나 어느 날 그는 갑자기 병이 들어 마침내 죽고 말았다. 부부 둘이서 오직 아들 하나를 길렀는데 그 아들의 이름은 나복이었다. 그는 아버지가 죽는 것을 보고 장례를 모시고 산소를 써 3

년 동안의 시묘를 마치고 나서 어머니께 여쭈었다.

"아버님이 계실 때에는 재물이 한없이 많았으나 지금은 창고가 비게 되었습니다. 하오니 저는 돈을 가지고 외국에 나가서 장사를 해볼까 합니다."

그리고는 시종인 익리를 시켜서 돈을 내다가 계산해 보니 3천관이었다. 나복은 이것을 셋으로 나누어 하나는 어머니께 드려 집안을 보전하게 하고 또 하나도 역시 어머니께 드려 삼보께 공양하며 아버지를 위해서 날마다 5백승 재를 베풀게 했다. 그리고 나머지 하나는 자기가 가지고 금지국으로 가서 장사를 하기로 했다.

어머니는 아들이 떠나는 것을 보고 종들을 불러 놓고 말했다.

"너희들은 이리 와서 내 말을 잘 들어라. 지금 우리 집은 큰 부자이다. 그러니 만일 스님들이 우리 집 문 앞에 와서 우리를 교화하려 하거든 너희들은 나를 위하여 방망이로 그를 쳐 죽여서 목숨이 남아나지 않도록 해라."

그리고는 아들이 두고 간 재 올리라는 돈으로 돼지·양·거위·오리·닭·개를 많이 사다가 배불리 먹여 키웠다. 자기가 키운 양을 기둥에 매고 찔러서 피를 내어 동이에 받았으며, 돼지를 묶어놓고 몽둥이로 때리니 돼지의 슬피우는 소리가 끊어지지 않았다. 배를 가르고 염통을 꺼내 귀신에게 제사하는 것으로 모든 즐거움을 누렸다.

나복은 돈 1천관을 가지고 외국에 간 지 3년 만에 3천관을 벌어서 본국으로 돌아왔

다. 집에서 40여 리 떨어진 곳에 이르러 그
는 성 서쪽 큰 버드나무 아래에 잠시 쉬었
다. 그는 시종인 익리를 먼저 집에 보내서
어머니께 말씀드리게 했다.

"어머니께서 만일 착한 인연을 지었으면
내가 이 돈을 가지고 돌아가서 어머니께 공
양할 것이요, 만일 어머니께서 악한 인연을
지었으면 내가 이 돈으로 어머니를 위해서
보시하겠습니다."

익리가 집에 돌아오는 것을 계집종 금지
가 멀리서 바라보고 달려 들어가 마님께 고
했다.

"서방님이 돌아오십니다."

마님이 금지를 보고 물었다.

"네가 그것을 어떻게 아느냐?"

"저기 문 앞에서 익리를 보고 서방님이

돌아오시는 것을 알았습니다."

이에 마님이 금지를 보내면서 명령했다.

"너는 나가서 문을 닫아걸어서 익리가 들어오지 못하게 해라. 그리고 내가 창고에서 당번을 꺼내다가 후원에 늘어놓아 거짓 재를 지낸 모양을 꾸밀 때까지 기다렸다가 문을 열어주어 익리가 들어오게 해라."

익리가 들어오자 부인이 말했다.

"너와 서방님이 집을 떠나간 이후부터 나는 집에서 날마다 5백승 재를 지냈다. 네가 만일 이 말이 믿어지지 않거든 후원 불당 앞에 가서 내가 재 올린 것을 보아라."

수저는 흩어져 있고 향불연기는 아직도 서려있었으며, 사발이며 대접의 설거지도 아직 끝나지 않은 채 있었다.

익리는 서방님에게로 달려가서 보고했

다.

"마님께서는 보통 어른이 아니십니다. 마님께서는 날마다 5백승 재를 올리고 계셨습니다."

나복이 익리에게 물었다.

"네가 어떻게 아느냐?"

"제가 뒤를 돌아가 보니 수저는 이리저리 흩어져 있고 향불연기는 자욱하고, 스님들은 방금 돌아가서 설거지도 아직 끝나지 않았었습니다."

나복이 이 말을 듣고 부끄러운 생각이 들었다.

"나는 여기서 멀리 어머니를 향해 1천 번 절하리라."

그리고 1천 배를 드리고 있었다. 이 때 동·서 마을에 사는 고향사람들이 나복이 돌아온다는 말을 듣고 그를 맞이하기 위해 모두 성 밖에까지 나왔다. 그러나 그들은 나복이 절하느라고 일어나지 않는 것을 보고 물었다.

"저 앞에 부처님도 안계시고, 뒤에도 스님 하나 보이지 않는데 어디다 대고 절하는가?"

나복은 대답했다.

"나는 어머님께 부끄러워서 그러합니다. 어머니께서는 집에서 삼보를 공양하고 날마다 오백승 재를 지냈다 합니다."

이 말을 듣자 이웃사람들은 나복에게 말했다.

"너의 어머니는 네가 집을 떠난 후 집에서 삼보 스승을 몽둥이로 때려 쫓고, 또 네가 재 올리라고 두고 간 돈을 가지고 돼지·

양·거위·오리·닭·개 같은 것을 두루 사 모아서 배불리 먹여 살찌게 해가지고, 양을 기둥에 잡아매고 피를 빼어 동이에 받으며, 돼지를 묶어놓고 몽둥이로 때려 끓는 물에 투기니 그 비명소리가 끊어지지 않았다. 또 개의 배를 가르고 염통을 꺼내서 귀신에게 제사 지내는 등 갖은 환락을 다했다."

나복이 이 말을 듣고 몸을 던져 땅에 부딪치니 온 몸에서 피가 흘렀으며, 기절하여 땅에 쓰러진 채 오랫동안 깨어나지 못했다.

어머니는 아들이 돌아온다는 말을 듣고 성 밖으로 그를 맞으러 나왔다. 그녀는 아들이 땅에 쓰러진 채 일어나지 못하는 것을 보고 아들의 손을 잡고 말했다.

"너는 내가 맹세하는 말을 들어보아라. 강물이 저렇게 넓고 커도 그 위에는 출렁이는 파도가 있는 법이다. 그처럼, 사람을 성공하게 하는 자는 적고 망하게 하는 자는 많다. 내가 만일 네가 집을 떠나간 뒤로부터 날마다 너를 위해 5백승 재를 올리지 않았다면, 이제 내가 집에 돌아가는 대로 문득 중병을 얻어 7일을 넘기지 못하고 죽어서 아비대지옥에 들어갈 것이다."

나복이 어머니의 맹세를 듣고 드디어 땅에서 얼어나 집으로 돌아갔다. 그러자 어머니는 갑자기 중병에 걸려 7일이 지나지 못해 죽고 말았다.

나복은 어머니 산소에서 풀을 엮어 암자를 짓고 어머니의 무덤을 지키며 3년 동안 고행을 했다. 낮에는 삼태기로 흙을 담아다가 어머니 무덤에 붓고, 밤이면 대승경전을 읽고 외는데 그 소리가 잠시도 끊어지지 않

앉다. 그 효성에 감복해서 아홉 가지 빛이
나는 사슴이 무덤 앞에 나타나기도 하였고,
흰 학이 나타나 상서로움을 표하기도 했으
며, 까마귀는 그를 위해 두 눈에서 피를 흘
렸다. 또 여러 종류의 새들이 흙을 물어다가
무덤 만드는 일을 도와주었다. 나복은 새들
이 흙을 물어오는 것을 보고 기쁜 마음이 생
겨 사람들을 불러다가 불상을 만들어 놓고
3년 동안 공양하다가 복(服)이 끝나자 무덤
을 하직하고 떠났다.

　그 길로 기사굴산에 이르러 부처님을 뵙
고 아뢰었다.

　"부처님이시여, 부모가 이미 다 돌아가시
고 3년 복을 마쳤으메, 원컨대 부처님을 따
라 출가하고자 원합니다. 무슨 공덕이 있어
야 하겠습니까?"

부처님께서 말씀하셨다.

"잘 왔구나, 나복아. 남염부제에 만일 한 사람의 남자나 여자 또한 한 사람의 남자 종이나 여자종이라도 부처님을 따라 출가 케 하는 것은 팔만사천의 부도와 보탑을 만 드는 것보다 나은 것이다. 이로써 이 세상 에 살아있는 부모는 백 년 동안 복과 즐거움 을 누릴 것이요, 7대를 거슬러 올라 조상까 지도 마땅히 정토에 태어날 것인데, 하물며 너는 너 스스로 보리심을 낸 것이 아니겠느 냐?"

이렇게 말하고 부처님은 곧 아난을 보내 서 나복의 머리와 수염을 깎게 한 다음, 부 처님이 손수 나복의 이마를 만지며 수기를 주고 그의 이름을 고쳐 대목련이라 하셨다.

'나에게 십대제자가 있는데 목련은 신통

이 제일'이라 하셨다.

목련이 부처님께 여쭈었다.

"부처님이시여, 보탑을 높고 크게 세운다면 그 공덕이 어떻겠습니까?"

부처님이 대답했다.

"목련아, 보탑이 높고 커서 처마가 서로 닿아 범천까지 통했을지라도 백 년 뒤에 부처의 얼굴에 비가 새게 되면 당장 죄를 얻게 된다. 하지만 수행자가 되는 공덕은 금강과 같이 무너지지 않는 몸을 이루느니라."

목련이 부처님께 다시 여쭈었다.

"이제 부처님을 작별하옵고 산에 들어가서 도를 닦고자 합니다."

부처님이 대답했다.

"목련아, 네가 만약 도를 닦고자 한다면 다른 곳에 갈 것이 아니라 나를 따라 기사굴

산에 들어가 도를 닦도록 하여라."

목련이 다시 부처님께 여쭈었다.

"산중에 무슨 양식이 있어서 도를 배운단 말입니까?"

부처님이 또 말했다.

"목련아, 산 속에는 호랑이와 이리, 그리고 그 밖의 짐승들이 있어서 매양 재식할 때가 되면 입으로 향기나는 꽃을 물어다가 스스로 와서 공양해 주느니라."

목련은 이 말을 듣고 나서 발우를 던지고 공중으로 솟아올라 기사굴산의 빈발라암에 이르렀다. 그곳에서 왼쪽다리로 오른쪽다리를 누르고 오른쪽다리로 왼쪽다리를 누르며 혀로 입천장을 받치고 33천을 관하다가 화락천궁에 이르러보니 오직 그 아버지는 하늘의 복을 받고 있으나 그 어머니는 볼 수가 없었다.

목련은 돌아와서 부처님께 아뢰었다.

"어머님께서 살아계실 때에 저를 보고 말씀하시기를, 날마다 5백승 재를 올렸다고 했습니다. 그렇다면 죽어서 당연히 화락천궁에 태어날 것이온데 천궁에는 어머니가 보이지 않으니 지금 어디 계십니까?"

부처님은 목련에게 말했다.

"너의 어머니는 살아있을 때에 삼보를 믿지 않고 간탐하고 적악했기 때문에 죄를 지은 것이 마치 수미산과 같았다. 그래서 죽어 지옥 속으로 들어갔느니라."

이 말을 듣고 목련은 너무나 슬퍼 몸을 땅에 부딪쳐 목 놓아 울다가 일어나서 여러 지옥으로 어머니를 찾아 돌아다니기 시작했다. 목련이 앞으로 가다가 한 곳의 지옥을 보니 거기에는 남염부제의 중생들이 방아 속에서 몸이 천 토막으로 끊겨 피와 가죽이 어지러이 흩어져서 하루에도 만번씩이나 죽었다 깨어나곤 했다. 목련은 몹시 슬퍼하여 그 지옥의 주인에게 물었다.

"이 지옥에 있는 중생들은 전생에 무슨 죄업을 지었기에 지금 이러한 괴로움을 받습니까?"

지옥주인은 대답했다.

"이들은 남염부제 사람인데 생전에 모든 중생들을 잘라 죽이고 남녀들이 둘러 앉아 함께 음식을 먹으면서 입으로 그 맛이 좋다고 떠들다가 이제 제자들의 손에 떨어져서 오직 괴로움만 달게 받고 있는 것이지요."

목련이 다시 앞으로 가다가 검수지옥을 보니, 남염부제의 중생이 검수 끝에서 손으

로 칼나무를 휘어잡으니 몸의 백 마디가 모
두 갈라지고, 발로 칼날을 밟으니 사지가 모
두 부숴졌다. 목련이 슬프고 서러워서 지옥
주인에게 물었다.

"이 지옥에 있는 중생은 전생에 무슨 죄
를 지었기에 이러한 괴로움을 받습니까?"

지옥주인이 대답했다.

"이것은 남염부제의 사람들이 인과를 믿
지않아 중생을 꼬챙이에 꿰어 구워서, 남녀
가 둘러앉아 머리를 모아 함께 먹으면서 입
으로 맛있다고 소리치다가 이제 제자의 수
중에 떨어져서 다만 형벌을 달게 받고 있는
것입니다."

목련이 다시 앞으로 가다보니 석합지옥
이 있었다. 두 덩어리의 맷돌이 모든 죄인들
을 갈아서 피와 살덩이가 흐트러졌다. 목련

은 지옥주인에게 물었다.

"이 지옥의 중생들은 전생에 무슨 죄를 지었기에 이런 고통을 받는 것입니까?"

지옥주인이 대답했다.

"이것은 남염부제의 중생들이 개미와 벌레들을 많이 죽였기 때문에 이제 제자의 수중에 떨어져서 이렇게 괴로움을 달게 받고 있는 것입니다."

목련이 다시 앞으로 나가다가 한 떼의 아귀를 보았다. 그들의 머리는 태산처럼 크고 배는 수미산처럼 부른데 목구멍은 바늘처럼 가늘었다. 그들은 걷는데 항상 5백 대나 되는 수레가 부숴지는 것 같은 소리를 냈다. 목련이 그 아귀들에게 물었다.

"너희들은 전생에 무슨 죄를 지었는가?"

아귀들이 대답했다.

"나는 전생에 죽은 사람을 위해서 올리는 재를 못하게 하고, 삼보를 공경하지 않았습니다. 그 때문에 여러 겁 동안 좁쌀마음의 이름도 듣지 못했고, 음식맛도 보지 못해서 이런 꼴이 되었습니다."

목련이 다시 앞으로 가니 회하지옥이 보였다. 거기에서는 모든 남염부제 사람들이 잿물의 물결 속에 밀려다니고 있었다. 그들은 온 몸뚱이가 불에 데어서 타고 있었다. 동쪽문이 열린 것을 보고 동쪽문으로 달려가면 동쪽문이 닫히고, 서쪽문이 열린 것을 보고 서쪽문으로 달려가며 서쪽문이 다시 닫혔다. 또 남쪽문이 열리 것을 보고 남쪽문으로 달려가면 남쪽문이 닫히고, 북쪽문이 열린 것을 보고 북쪽문으로 달려가면 북쪽문이 다시 닫혔다. 이렇게 물결에 따라 달리

느라고 조금도 쉴 새가 없었다.

　목련이 지옥주인에게 물었다.

　"이 지옥의 중생들은 무슨 죄를 지었나요?"

　지옥주인이 대답했다.

　"이 사람들은 전생에 달걀을 삶아 먹었기 때문에 이제 제자의 수중에 떨어져서 그 괴로움을 달게 받고 있는 것입니다."

　목련이 다시 앞으로 가다보니 확탕지옥이 보였다. 거기에는 남염부제의 중생들이 끓고 있는 물에서 삶아지고 있었다. 목련은 이것을 보고 슬퍼하여 지옥주인에게 물었다.

　"이 지옥에 있는 사람들은 무슨 죄로 이런 고통을 받는 것입니까?"

　지옥주인이 대답했다.

"이 사람들은 남염부제의 사람으로 삼보를 믿지 않았습니다. 또한 큰 부잣집에 태어나서 무릇 생명 있는 것들을 삶아 먹었기 때문에 이제 제자들의 수중에 떨어져서 이 고통을 달게 받고 있는 것입니다."

목련이 다시 앞으로 나가니 화분지옥이 보였다. 거기에는 남염부제의 중생들이 머리에 불동이를 이고 있어 온 몸뚱이에 불이 활활 타오르고 있었다. 목련은 슬퍼하며 지옥주인에게 물었다.

"이 지옥의 중생들은 전생에 무슨 죄를 지었습니까?"

지옥주인이 대답했다.

"이것은 남염부제의 중생들이 짐승의 골수를 많이 먹었기 때문에 이런 고통을 받고 있는 것입니다."

목련이 큰 소리로 외쳤다.

"어머님, 어머님께서 살아 계실 때에 저한테 말씀하시기를 날마다 오백승 재를 열고 향과 음식을 법대로 하지 않으신 것이 없다고 하셨습니다. 그러므로 돌아가셔서는 마땅히 화락천궁에 태어나셔야 할 것인데 어찌해서 천궁에도 보이지 않고, 지옥에라도 계셔 만나야 할텐데 지옥에도 보이지 않습니까?"

옥중에 있던 8만 4천 명의 우두옥졸들이 각각 서로 보고 말한다.

"앞 문에 산 사람 소리가 나니 이는 필경 남염부제에서 죄인들을 보내온 것이다. 내가 쇠창을 가지고 가서 그 가슴을 찔러가지고 잡아오리다."

목련은 이 때 바로 지옥문 앞에 있었는데,

문득 좌선 속에서 깨달아 몸이 삼매에 들어가고 있었다. 지옥주인이 몇 마디 부르자 목련은 선정으로부터 깨어났다.

"스님은 어떤 사람인데 우리 지옥의 문전에 와 있는 것입니까?"

목련이 대답했다.

"빈도에게 화내지 마시오. 빈도가 특별히 여기에 온 것은 우리 어머니를 찾고자 함입니다."

지옥주인이 다시 물었다.

"그대의 어머니가 여기 있다고 누가 말하던가요?"

목련이 다시 대답했다.

"석가모니 부처님께서 우리 어머니가 여기 계신다고 하셨습니다."

지옥주인이 다시 물었다.

"그러면 석가모니 부처님은 스님과 무슨 관계가 있습니까?"

목련이 다시 대답했다.

"그는 우리 스승님이시고, 나는 그 분의 제자 대목련이올시다."

옥졸이 이 말을 듣고 머리를 숙이고 철창을 내던지며 일천여번이나 절하면서 칭찬의 말을 했다.

"착하고 착한 일입니다. 오늘날 과보로써 석가모니 부처님의 제자의 얼굴을 보게 되었군요. 그런데 스님의 어머님께서는 성이 무엇입니까? 스님을 위해 내가 옥중에 가서 명부를 찾아보겠습니다."

이렇게 말하고 지옥주인이 들어가 문서를 검사해 보았으나 그런 이름이 없었다. 다시 나와서 목련에게 말했다.

"방금 옥중에 가서 문서를 검사해 보았으나 그런 이름이 없습니다. 이 앞에 또 아비지옥이 있으니 가 보십시오."

목련이 다시 앞으로 가다보니 한 커다란 지옥이 있었다. 담의 높이는 만 길이나 되고 검은 벽은 만겹이나 되었다. 철망으로 얽어서 그 위를 덮었고, 그 위에는 또 네 마리의 큰 동구가 있는데 입으로 항상 뜨거운 불길을 토하여 그것이 하늘로 무럭무럭 타올랐다. 소리 질러 천번이나 불러보아도 아무 대답이 없었다.

목련은 다시 돌아와 지옥주인에게 물었다.

"앞에 큰 지옥이 있긴 하나 담의 높이가 만 길이요, 검은 벽이 만 겹으로 철망을 얽어 덮어 씌웠습니다. 그리고 천번이나 소리를 질러도 대답하는 이가 아무도 없었습니다."

지옥주인이 대답했다.

"그건 스님의 법력이 부족한 탓이요. 이 문을 열리게 하려면 부처님께 물어볼 수 밖에 달리 도리가 없습니다."

목련은 이 말을 듣자 발우를 던지고 하늘로 솟아 부처님이 계시는 곳으로 갔다. 그는 부처님을 세 바퀴 돌고나서 부처님께 아뢰었다.

"부처님이시여, 제가 큰 지옥에 가서 보니 담의 높이가 만 길이나 되고 검은 벽이 만 겹이나 되는데 아무리 여러 번 큰 소리를 질러도 대답하는 사람이 없었습니다."

부처님이 목련에게 말했다.

"네가 나의 열두 고리가 달린 석장을 짚

고, 내 가사를 입고, 내 발우를 가지고 그 지옥문 앞에 이르러 석장을 세 번 흔들면 옥문이 저절로 열리고 자물쇠가 저절로 떨어지며, 옥중에 있는 모든 죄인들이 내가 짚던 석장소리를 듣고 모두 잠시의 휴식을 얻을 것이다."

목련이 가사를 받아 입고, 손에 석장을 쥐고, 지옥문 앞에 이르러 석장을 휘둘러 세 번 소리를 냈다. 그랬더니 옥문이 저절로 열리고 자물쇠도 저절로 떨어졌다. 이에 목련은 지옥 속으로 달려 들어갔다. 그러나 이것을 본 옥졸들이 그를 밀어내면서 물었다.

"스님은 누구시기에 맘대로 이 문을 여는거요? 이 문은 오랫동안 열리지 않았던 문이요."

목련이 지옥주인에게 물었다.

"이 문을 열지 않으면 죄인은 어디로 들어옵니까?"

지옥주인이 목련에게 다시 말했다.

"남염부제 사람들은 불효를 많이 범하고, 오역을 많이 범했으며, 삼보를 믿지 않았기 때문에 명이 다한 뒤에는 업풍에 불려와서 거꾸로 매달려 내려오고 문으로 해서는 들어오지 않습니다."

지옥주인이 다시 물었다.

"스님은 어찌하여 여기에 오셨습니까?"

목련이 대답했다.

"내가 특별히 온 것은 우리 어머니를 찾기 위해서입니다."

"스님의 어머니가 여기 계시다고 누가 말했습니까?"

"석가모니 부처님께서 우리 어머니가 여

기 계시다고 하시더군요."

지옥주인이 또 물었다.

"석가모니 부처님은 스님과 무슨 관계가 있습니까?"

"바로 나의 스승이십니다."

이에 지옥주인이 또 물었다.

"어머님의 성명이 무엇입니까? 스님을 위해서 내가 옥중에 가서 명부를 찾아보겠습니다."

"왕사성 안의 부상장자의 아내 청제부인으로서 성은 유제사입니다."

이에 지옥주인은 지옥으로 들어가 외쳤다.

"왕사성에 살던 청제부인 성씨 유제사야, 문 앞에 법명이 대목련이라는 스님이 된 아들이 왔는데, 이는 부처님의 제자로서 불가

사의한 신통이 있으니, 만일 이 사람이 네 아들이라면 오래지 않아서 지옥을 떠날 수가 있을 것이다."

그리고나서 또 지옥주인은 죄인에게 외쳤다.

"왕사성 안의 청제부인아, 너는 어찌하여 대답하지 않느냐?"

그제서야 죄인이 대답했다.

"지옥주인께서 다시 더 고생스런 곳으로 옮길까 두려워서 감히 대답하지 못했습니다. 죄인에게 오직 한 아들이 있는데 스님이 된 일도 없고 이름도 대목련이 아닙니다."

지옥주인이 밖으로 나와서 목련에게 말했다.

"청제부인이 자기 아들은 스님이 되지도 않았고 이름을 대목련이라 하지도 않는다고 했습니다."

목련이 대답했다.

"지옥주인은 대자대비로 어머니가 진실로 아들을 알아보지 못하고 있다고 말씀해 주십시오. 부모가 계실 때 나의 이름은 나복이었고, 부모가 돌아가신 뒤 부처님의 제자가 되어 불도를 터득하고 이름을 얻었으니 그것이 바로 대목련입니다."

지옥주인이 다시 목련에게 물었다.

"그러면 오늘 어머니를 찾는다면 장차 무엇으로 우리의 은혜를 갚겠습니까?"

"오늘 어머니를 만나게 되면 모든 보살들을 청해다가 대승경전을 외워서 지옥주인의 은혜를 갚겠습니다."

지옥주인은 다시 지옥으로 들어가 죄인을 향해 말했다.

"내가 너의 기쁨을 도우리라. 문 앞에 찾아온 사람은 바로 나복이다."

이 말을 듣자 죄인이 바로 나서서 말했다.

"만일 나복이라면 바로 이 조그만 뱃속에 품었던 자식입니다."

이 때 지옥주인이 쇠창을 가지고 죄인을 찔러 일으켜서 못을 박아 땅에 떨어뜨리니 온 몸의 털구멍에서 피가 흘렀다. 지옥주인은 다시 쇠칼을 씌우고 칼로 몸을 에워싸서 내보내어 아들과 서로 보게 한 다음 목련에게 물었다.

"어머니를 알아보겠습니까?"

목련이 대답했다.

"어머니를 알아보지 못하겠습니다."

지옥주인이 다시 말했다.

"저 앞에 온 몸이 모진 불에 활활 타고 있

는 것이 바로 스님의 어머니입니다."

목련이 그 어머니임을 알아보고 크게 부르짖었다.

"어머님, 어머님이시여, 살아계실 때에 날마다 오백승 재를 올려 향화와 음식을 모두 법대로 했다고 말씀하셨습니다. 그러니 돌아가셔서는 의당 화락천궁에 나실 것이온데, 어찌하여 천궁에 계시지 않고 도리어 지옥에 계십니까. 소자는 날마다 밥을 먹을 때에 색다르고 맛있는 음식이 있으면 먼저 가져다가 어머님께 공양을 드렸는데 어머니 얼굴은 어째서 그렇게 몹시 야위셨습니까?"

어머니가 목련을 불러 말했다.

"내 사랑하는 아들아, 앞으로 영영 내 아들을 보지 못할까 했더니 어떻게 오늘 아침에 공교롭게 이 지옥문 앞에서 만나게 되었단 말이냐. 이 어미는 옥중에서 벌을 받기가 몹시 괴롭다. 배가 고프면 쇠알을 먹고, 목이 마르면 구리물을 마시면서 지내왔다."

이렇게 말을 채 마치기도 전에 옥졸이 와서 죄인을 붙들어 세우고 기다란 부젓가락으로 죄인의 몸을 찌르니 온 창자가 모두 불에 타들어갔다.

이 때 같은 지옥에 있던 모든 죄인들이 서로 말했다.

"남의 집 모자는 저렇게 서로 만나보게 되는데 우리들은 어찌하여 나갈 기약이 없는가."

지옥주인이 목련을 보고 말했다.

"어머니와는 오랫동안 말할 수 없습니다. 스님의 어머니는 죄를 받을 시간이 다 되었

습니다. 스님이 만일 어머니를 놓지 않는다
면 내가 철창으로 가슴을 찔러 데려가겠습
니다."

목련이 그 어머니를 놓으니 어머니는 지
옥주인에게 끌려서 지옥으로 들어가면서
소리쳤다.

"우리 아들, 사랑하는 내 아들아. 나는 고
통을 참기가 괴로우니 백방으로 계교를 내
어서 이 어미를 구해다오."

이 때 목련은 왼발은 지옥 문지방 안에 두
고 오른발은 문지방 밖에 둔 채 서 있다가
어머님의 괴로움에 부르짖는 소리를 듣고
참을 수가 없어 머리를 기둥에 부딪치니 살
과 피가 낭자했다.

그리고 지옥주인에게 말하기를,

"내가 지옥 속에 들어가 어머니를 대신해

서 죄를 받고자 합니다."

하니, 지옥주인이 대답했다.

"스님의 어머니는 업력이 넓고 커서 서로 간여할 수가 없으니 이 지옥에서 나가게 되기를 원하거든 부처님께 고하는 수 밖에 없습니다."

목련이 이 말을 듣고 발우를 던지고 하늘로 솟아 부처님 계신 곳으로 가서, 부처님을 세 바퀴 돌고나서 부처님께 여쭈었다.

"부처님이시여, 저의 어머니가 지금 지옥에서 죄를 받느라고 견디기 힘든 고통을 겪고 있습니다. 어떻게 해야 어머니를 구출해서 이 지옥을 벗어나게 할 수 있겠습니까?"

부처님이 대답했다.

"목련아, 내가 네 어머니를 구해주리라."

목련이 이 말을 듣고 다시 물었다.

"부처님이시여, 과연 구해 주시겠습니
까?"

이에 부처님이 대답했다.

"내가 만일 네 어머니를 구해내지 못하면
내가 오랜 겁 동안 지옥 속으로 들어가서 네
어머니를 대신하여 죄를 받으리라."

이 때 부처님이 무리 가운데의 모든 비
구·비구니·우바새·우바이 등 무수한 사
람들을 거느리고 앞뒤로 둘러싸게 하고 허
공에 몸을 흩으니 그 높이가 일곱 다라수만
했다. 이에 석가모니는 미간에서 다섯 가지
색의 광명을 내어 그 빛으로 지옥을 깨뜨렸
다. 철상지옥은 연화좌로 변하고, 검수지옥
은 백옥으로 만든 사다리가 되고, 확탕지옥
은 부용지가 되었다.

그 때 염라대왕이 칭찬하여 말했다.

"착하고 착하도다. 이제 내가 친히 부처
님께 예배하고 향을 피울 수 있겠구나. 이러
고서도 부처님이 이 세상에 계신 것을 믿지
않을 수 있겠느냐."

이렇게 말하면서 염라대왕은 우두옥졸을
시켜서 죄인들을 놓아 모두 하늘에 다시 나
게 하였다.

목련이 또 부처님께 물었다.

"모든 죄인들은 모두 하늘에 태어났사온
데 어머님은 어느 곳에 탁생되셨습니까?"

부처님이 목련에게 대답했다.

"너의 어머니는 살아생전의 죄근이 깊고
무거워 업장이 다하지 못했으므로, 대지옥
에서 나왔으나 다시 소흑암지옥으로 들어
갔다. 모든 보살들이 재 올리고 남은 밥 한
발우를 네게 줄 것이니 지옥에 가서 어머니

께 드려보아라."

목련이 밥을 얻어 지옥으로 가니, 어머니
가 밥을 보고 탐하는 마음을 고치지 못해서
왼손으로 밥을 움켜쥐고 오른손으로 사람
을 막으면서 밥을 입 속에 넣으니 전과 같이
그 밥이 변하여 모진 불이 되었다.

목련이 부처님에게 물었다.

"어떻게 하면 소흑암지옥에서 벗어나겠
습니까?"

부처님이 대답했다.

"너의 어머니를 소흑암지옥에서 벗어나
게 하려면 모든 보살을 청해 다가 대승경전
을 외우고 읽어야만 비로소 그 소흑암지옥
을 떠날 수가 있을 것이다."

이에 목련이 바로 부처님의 명령에 의해
모든 보살을 청해 다가 대승경전을 외웠다.

그랬더니 목련의 어머니는 그 소흑암지옥
에서 나와서 또 아귀 속에 태어나게 되었다.

목련이 다시 부처님께 여쭈었다.

"어머니께서 지옥 속에 계신 지 오래되었
사오니 어머니와 함께 항하수가에 가서 물
을 마시고 배를 씻어드릴까 합니다."

부처님이 대답했다.

"모든 부처들이 물을 마시면 그것은 마치
좋은 젖과 같고, 모든 스님들이 물을 마시면
마치 단이슬 같고, 십선인이 물을 마시면 능
히 목마름을 면할 것이다. 그러나 너의 어머
니가 물을 마시면 그 물이 뱃속으로 흘러들
어가면서 모진 불로 변해서 창자를 태워 없
애고 말 것이다."

목련이 또 부처님께 물었다.

"그러면 어떻게 해야 어머니가 아귀의 몸

을 떠날 수 있겠습니까?"

부처님이 대답했다.

"모든 보살을 청해 다가 마흔아홉 개의 등에 불을 켜며, 많은 산목숨을 놓아주고, 신번을 만들어 놓으면 너의 어머니가 이 아귀를 면할 수 있을 것이다."

목련이 즉시 부처님 명령에 의하여 모든 보살을 청하여 마흔아홉 개의 등을 켜고, 많은 생명을 놓아주며, 신번을 만들어서 어머니가 아귀의 몸을 떠나게 했다.

목련이 부처님께 아뢰었다.

"어머니께서는 아귀를 떠나 어느 곳에 태어나셨습니까?"

부처님께서 목련에게 말했다.

"너의 어머니가 비록 아귀의 세계를 벗어나긴 했으나 지금은 왕사성에 태어나 어미

개가 되었느니라."

목련은 이 말을 듣고 발우를 가지고 왕사성으로 가서 그 개를 찾았다. 그 개는 목련을 보자 달려 나와 목련의 허리를 껴안고 애태우면서 말했다.

"내가 네 어머니이고 너는 내 아들이다."

목련은 어머니의 목소리를 듣고 물었다.

"어머니께서 이제 개의 몸이 되어 고생을 하시는데, 전에 지옥에서 받으시던 고통에 비하면 어떻습니까?"

그 개가 목련에게 말했다.

"내가 앞으로 영영 개의 몸이 되어 더러운 것을 먹을지언정 나는 지옥이란 소리도 들릴까 두렵다."

목련이 또 부처님에게 물었다.

"어머니가 개의 신세가 되어 고생하고 있

사오니 어떻게 해야 개의 몸을 벗어나겠습
니까?"

부처님이 대답했다.

"목련아, 다만 칠월 보름날을 가려서 우
란분재를 베풀면 어머니가 개의 몸을 떠날
수 있을 것이다."

목련이 또 부처님에게 물었다.

"무슨 까닭에 13일·14일은 택하지 않고
꼭 7월 15일을 택하십니까?"

"목련아, 7월 15일은 스님들이 해제하는
날이다. 기뻐하면서 한 곳에 모여서 너의 어
머니를 건져내어 정토에 나게 할 것이다."

목련은 즉시 부처님의 명령에 의하여 시
장에 나가 버들잎 잣나무가지를 사다가 우
란분재를 베풀어서 어머니를 개의 몸에서
떠나게 하고, 어머니가 부처님 앞에 나가서

오백계를 받게 했다. 그리고 빌었다.

"원컨대 어머니는 삿된 마음을 버리고 정토로 돌아가시옵소서."

목련의 이 효심이 천모를 감동시켜 그를 영접 해다가 도리천궁에 태어나게 하여 모든 즐거움을 받으며, 또 당시에 법을 설하여 중생들을 해탈하게 했다.

만일 선남자, 선여인이 부모를 위하여 이 경을 써서 가지고 읽어 외우면, 삼세부모와 7대의 죽은 조상이 곧 정토에 왕생하여 모두 해탈할 것이며, 입고 먹는 것이 제대로 되어서 장수하고 부귀를 누릴 것이다.

부처님이 이 경을 설하자 천룡팔부와 인비인(人非人) 등이 크게 기뻐하여 신심으로 받들어 행할 것을 맹세하고 예배하고 물러 갔다.

우란분경

이와 같이 나는 들었다.

부처님께서 기타숲에 계실 때에 목련존자가 처음으로 육신통을 얻어 부모님을 제도하여 길러주신 은혜에 보답하려 하였다.

그래서 도통한 눈으로 세간을 살펴보니 그 어머니가 아귀로 태어나서 음식은 구경도 못하고 뼈와 가죽이 아주 붙어있었다. 목련존자는 이것을 보고 슬피울면서 발우에 밥을 담아가지고 어머니에게 갔다.

어머니는 밥을 보더니 게걸스럽게, 왼손으로는 밥그릇을 가리워 막고 오른손으로 밥을 쥐어 먹으려 했다. 그러나 밥이 입에 들어가기도 전에 뜨거운 불길로 변해서, 온 몸이 이글이글 타기만 하고 밥은 한 주먹도 먹지 못했다. 이 모양을 본 목련존자는 대성통곡하면서 부처님 계신 데로 돌아와서 이 사연을 자세하게 여쭙고 부처님의 처분을 기다렸다.

부처님은 이렇게 말씀하셨다.

"네 어머니는 지은 죄업이 너무 중해서 한 사람의 힘으로는 어찌할 도리가 없다. 네가 비록 효성이 지극하여 천지를 감동시키지만 하늘도 땅도 신명도 마구니도 신장들도 모두 어떻게 할 도리가 없다. 다만 시방에 있는 여러 스님네의 거룩한 신통력을 입어야 그 업보를 벗어날 수 있다. 이제 구제하는 방법을 네게 알려주어서 여러 가지 환란에 빠진 중생들로 하여금 근심 걱정을 벗어나 업장을 소멸하게 하리라.

목련존자야, 7월 보름날은 시방에 있는 스님네들이 여름안거를 마치고 각기 제 허물이나 남이 잘못한 것을 마음대로 말하는 날이다. 이 날에는 죽은 7대 부모나 이 세상에 살아있는 부모를 위하여 그들이 받는 액란을 벗어나게 할 수 있다. 그렇게 하려면 음식과 반찬과 다섯 가지 과일·그릇·향·꽃·등촉을 마련하여 깨끗한 그릇에 담아 가지고 시방에 있는 여러 큰 스님네께 공양하라. 이 날은 여러 거룩한 스님네들이 산중에서 참선도 하고 성문사과를 얻기도 하고 나무 아래서 거닐기도 하고 육신통으로 교화하기도 한다. 또한 성문·연각이나 십지보살들이 일부러 비구로 화현하여 대중 가운데 섞여 있으면서 한결 같은 마음으로 우란분공양을 받으며 계행이 청정하고 거룩한 스님네의 도덕을 갖추어서 공덕이 한량없느니라. 만일 스님네로서 이 여름 안거를 마치고 마음대로 잘잘못를 말하는 대중에게 이렇게 공양하면, 이 세상에 살아 있는 부모와 7대 선망부모와 육친 권속들이 모두 고통에서 벗어나 가는 곳마다 옷과 밥이 넉넉할 것이다.

그러나 만일 다른 사람이 이렇게 공양하면 이 세상에 있는 부모는 백 년 향수에 복락이 구족하고 7대 선망부모는 마음대로 천상에 태어나 광명 속에서 한량없는 쾌락을 받느니라."

이 때 부처님께서 시방대중에게 말씀하사 먼저 시주하는 사람을 위하여 7대 부모를 축원하고 선정에 들어갔다가 공양을 받게 하시되, 처음 공양구를 받아서는 먼저 부

처님과 탑에 올리고 여러 대중이 축원하고
나서 공양을 받으라 하였다.

그 때에 목련비구와 여러 대중과 보살들
이 모두 즐거워하였으며 목련의 울부짖는
소리는 아주 조용해졌다. 그래서 목련의 어
머니는 한 겁 동안이나 받아야 할 아귀의 고
통을 벗어났다.

목련이 다시 부처님께 아뢰었다.

"저의 부모는 삼보의 크신 공덕과 여러
스님네의 신력을 입어 아귀의 고통을 면하
였습니다. 만일 이 다음 세상에서 여러 불제
자들이 부모에게 효도하는 마음에서 이렇
게 우란분공양을 차려 이바지하면 역시 이
세상 부모와 7대 선망들을 제도할 수 있겠
나이까?"

부처님은 이렇게 말씀하셨다.

"매우 좋은 말이다. 내가 지금 이야기하려던 참인데 마침 잘 물었다. 사람들아, 어떤 비구·비구니·임금·태자·재상·대신·여러 벼슬아치거나 예사 백성들도 효성 있는 이는 모두 나를 낳아준 이 세상 부모나 먼저 가신 7대 선망부모를 위하여 7월 보름날, 부처님이 기뻐하는 날, 스님네들이 잘잘못을 말하는 날에 여러 가지 좋은 음식을 마련하여 우란분자 주에 담아 가지고 시방에서 여름살림을 마친 대중스님들에게 공양하면서 소원성취하기를 빌라. 그러면 살아있는 부모는 온갖 병고액난이 없을 것이요, 7대 선망부모는 아귀보를 벗고 천상이나 인간에 태어나서 복락이 무궁하리라."

부처님이 많은 사람에게 말씀하셨다.

"불제자로서 부모에게 효성 있는 이는 어

느 때에나 항상 지금 있는 부모와 7대 선망
을 생각해 삼보에 공양하라. 또한 해마다 7
월 보름날에는 특별히 살아있는 부모와 7
대 부모에게 효도하는 마음으로 우란분 공
양을 차려서 부처님과 스님들에게 공양하
여 나를 낳아 길러준 부모의 은혜를 갚아야
한다. 여러 불제자들은 이 법문을 잘 받들어
가질 지니라."

이 때에 목련비구와 사부대중이 부처님
의 말씀을 듣고 기쁜 마음으로 받아 행하였
다.

삼세인과경

부처님께서 영취산에 계시며《법화경》을
설하고 계실 때였다.

　그 자리에는 많은 제자 1천 2백 5십 인이
모여 있었는데, 모두 번뇌를 다 여의고, 아
라한의 경지에 이르러 많은 중생들을 제도
할 수 있는 이들이었다.

　부처님께서는 사자좌에 높이 오르시어
영산회상에 모인 제자들을 위해 심오한 가
르침을 설하시고자 깊은 삼매에 잠겨 계셨
다. 그 때 부처님의 십대 제자 가운데 부처
님의 가르침을 가장 가까이 받든 아난존자
가 앞으로 나아갔다. 그는 몸을 단정히 하
고, 부처님께 엎드려 세 번 절하고 무릎을

꿇은 후 이렇게 여쭈었다.

"부처님이시여! 세상 사람들이 본디 착한 마음을 점점 잊어버리고 나쁜 일을 범하기를 주저하지 않습니다. 부처님께서 가르쳐 주신 가르침과 도리를 잘 지키지 않으며, 스님들을 공경하지 않고, 삼보에 귀의할 줄 모릅니다. 심지어는 삼보를 비방하기까지 합니다. 뿐만 아니라 사람으로 태어나 사람의 도리를 모르며, 마음이 사악해져 육체는 난잡하고 더럽기 이를 데 없습니다. 또 육신은 온전치 못해 귀머거리가 되거나, 벙어리가 되고, 사람의 목숨을 해치는 것을 가볍게 여깁니다. 부귀빈천이 천차만별이라 집안이 가난해 비참하기가 이를 데 없는 사람, 하루 아침에 부귀공명이 이슬처럼 사라지는 사람이 있는가 하면 한꺼번에 부모를 여의기

도 하고, 한 순간에 자식을 잃기도 하니 세
상의 근심과 걱정은 그칠 날이 없습니다.

과거와 현재와 미래를 두루 살피시어 중
생을 위해 자비를 베푸시는 부처님이시여!
저희들에게 바른 가르침을 행할 수 있도록
삼세의 인과에 대해 자세히 말씀하여 주시
기 바라옵니다."

이 물음을 듣고 부처님께서는 다음과 같
이 말씀하셨다.

"이제 너희들은 청정한 마음으로 잘 듣
고, 진심으로 믿고 행하기를 바라노라. 내
이제 너희와 모든 중생들을 위해 자세히 설
하리라.

이 세상의 부귀빈천과 끝없는 고통, 슬픔
이나 재난 무한한 괴로움과 즐거움, 한량없

는 행복은 모두 전생에 지은 한량없는 선악의 행위로 이루어지는 것이다. 자기가 행한 선악의 결과로 받는 인과는 이런 것들이니라.

첫 번째, 너희는 부모에게 효도해야 하느니라. 부모가 아니면 사람들이 어떻게 세상에 태어날 수 있으랴? 부모가 있으므로 우주의 근본이 되는 이 몸이 있으며, 사람의 도리가 있으니, 이 모두가 부모의 은혜가 아니고 무엇이랴? 그러므로 부모가 살아계실 때는 지성으로 봉양하고 부모가 세상을 떠난 후에는 영가를 잘 천도하여 왕생극락을 발원해야 하느니라. 또 자신의 부모가 아니더라도 병든 노인이나 나이 많은 노인을 대할 때 마치 내 부모를 대하듯 공경해야 하느니라. 그렇게 할 때, 불·법·승 삼보와 천인, 용이나 모든 선신들이 항상 보호하며, 힘든 지경을 당할지라도 세세생생 많은 사람들의 도움을 받을 수 있느니라. 그렇게 해야만 사람으로 떳떳하게 살아갈 수 있을 뿐만 아니라 그 수명 또한 길어지고 자손대대로 많은 복을 누리며 부귀하게 살 수 있다. 이 가르침을 어기고 부모에게 불효하는 자는 그 자식이 화를 받을 것이며, 늙고 병약해지면 버림받으리라.

두 번째, 삼보에 귀의해야 한다. 그리하면 부처님과 호법신장들에게 보호받고, 죽은 후엔 지옥에 떨어지는 일이 없으리라.

세 번째, 살생을 하지 말고 방생하라. 고통받는 모든 중생들을 가엾게 여기고 공양과 보시에 힘쓰라. 그 일이 바로 행복의 씨앗이 되느니라. 세상의 모든 행복이나 부귀영화는 모두 자신이 전생에 지은 대로 받는 과보이다. 스스로 짓고 스스로 거두는 인과응보이니, 이런 삼세인과를 가볍게 여기지 말라. 이 삼세인과의 법문을 설하는 것은 삼세의 인과가 모든 중생들에게 더없이 소중한 까닭이니 이를 받들어 지성으로 행하라."

부처님께서는 32호상의 거룩한 몸을 갖추신 인연을 예로 들어 자세히 말씀하셨다.

"32호상은 부처님의 거룩한 모습에 나타나는 특징이니라. 이 모습을 갖춘 이는 세상에 있으면 전륜성왕이 되어 모든 백성들을 어질게 다스리고, 출가를 하면 이 세상의 온갖 거리낌을 떨쳐버리고 부처님의 깨달음을 얻는 것이니라. 부처님은 일찍이 머나먼 옛 겁부터 몸과 입과 마음으로 여러 가지 착

한 일을 행하였느니라. 보시하고 계행을 지
키며, 부모에게 효도하고 수행자를 존경하
고, 어른을 공경하였으므로 32호상의 거룩
한 모습을 갖추었다. 부처님은 과거세에 살
아있는 목숨을 죽이는 일이 없었고, 남을 해
치는 물건을 사용하지 않았다. 모든 생명을
불쌍히 여기고 그들을 이롭게 했기 때문에
언제나 하늘나라에 태어났느니라. 세상에
태어날 때는 세 가지 거룩한 모습을 갖추었
으니 발뒤꿈치가 단정하고 둥글며, 손가락
과 발가락이 길고 부드러우며, 팔 다리가 고
르고 곧으니, 아름답기 그지없는 몸매를 얻
었느니라.

　부처님은 전생에 맛있는 음식을 많은 사
람들에게 베푼 공덕으로 몸의 일곱 군데
가 원만하고 고른, 거룩한 모습을 갖추었

느니라.

부처님은 전생에 남을 위해 보시하고, 고운 말을 하고, 이롭게 하는 사섭법을 널리 행한 공덕으로 손발이 부드럽고 아름다운 무늬가 있는 거룩한 모습을 갖추었느니라. 발등이 단정하고 몸의 털이 위로 곱게 쓰러진 거룩한 상을 얻은 것은 과거세 모든 사람들에게 진리의 가르침을 널리 설한 공덕이니라. 피부가 곱고 때나 먼지가 묻지 않는 공덕을 얻은 것은 과거세에 수행자를 섬기고 그들에게 착한 가르침을 듣기를 게을리하지 않아 죄의 때를 남김없이 씻어버린 공덕이니라.

금빛으로 빛나는 몸을 얻은 것은 과거세 모든 중생들에게 성내거나 분한 마음을 내지 않고, 미워하거나 불만스런 마음이 없이 항상 기쁜 얼굴로 좋은 옷을 베푼 공덕이니라.

그 공덕으로 이 세상에 태어나서는 온몸이 둥글고 바르며, 두 팔이 무릎까지 내려오는 공덕을 얻었느니라.

과거세에 많은 사람들을 이롭고 즐겁게 하기 위하여 여러 가지 지식과 지혜와 진리를 설한 공덕을 베풀고, 또는 금이나 은 같은 많은 보물들을 아낌없이 베푼 공덕으로 이 세상에 나서는 사자처럼 위엄이 넘치며 두 어깨가 고르고 둥근, 거룩한 모습을 갖추었느니라.

과거세에 다른 사람보다 앞서서 착한 일을 행하고, 보시하고 계행을 지키며, 부모에게 효도하고, 수행자와 어른을 존경한 공덕으로 머리 위에 육계가 있는 공덕을 얻었느니라.

　과거세에 거짓말하지 않고, 항상 참된 말로써 사람을 대한 공덕으로 온 몸의 털이 한 구멍에 하나씩만 나고, 두 눈썹 사이에 난 백호가 솜처럼 부드러우니라.

　과거세에 이간질하는 말을 하지 않고, 사람들이 서로 화합하고 기쁘게 지내게 한 공덕으로 마흔 개의 이가 희고 고르며, 빈틈이 없는 거룩한 모습을 갖추었느니라.

　과거세에 악하거나 사람들이 싫어하는 말을 하지 않고, 누가 들어도 기쁘고 사랑스러운 말, 좋고도 사람들의 마음을 감동시키는 말을 한 공덕으로 아름답고 밝고 깨끗한 음성을 얻었느니라."

　부처님께서는 아난존자와 1천 2백 5십 인의 제자들에게 계속해서 말씀하셨다.

"세상의 많은 중생들은 생각이 어리석어 마음을 깨끗이 닦아야 한다는 생각은 하지 못하고 서로 다투고 시기한다. 그래서 세상의 큰 죄악과 깊은 고통 속에 빠져 오직 자신만이 편안하고자 몸부림치며 허덕이고 있느니라. 귀하고 천한 이나, 부자나 가난한 이나, 남자나 여자, 늙은이나 젊은이를 막론하고 한결같이 재물에 눈이 어두우니, 그들의 생각은 죄악과 고통이 가득하다. 그리하여 그들은 늘 서두르며, 늘 바삐 허둥대고 걱정과 근심으로 마음이 헝클어져 잠시도 편할 날이 없느니라.

땅이 있으면 줄어들지 않을까. 집이 있으면 불이 나거나 무너지지 않을까. 가축이나 보물, 옷이나 모든 살림살이에 이르기까지 가진 사람은 가진 것으로 인해 걱정 근심이 떠나지 않고, 없는 사람은 또 어떻게 하면 힘들이지 않고 배부를 수 있을까, 남의 것이 저절로 내 것이 될 수 있을까, 이런 요행을 바라 스스로 시름을 받느니라.

진리의 가르침이나 인연의 과보를 보고도 못 본 체하고, 못들은 체하며, 믿지 않는 사람은 갑자기 화재나 수재를 만나 불태우고 물에 잠겨 떠내려 보낸다. 또 도적이나 빚쟁이들에게 빼앗기기도 하며 모든 재산이 산산이 흩어져 마음은 답답하고 분한 심정에서 벗어날 길 없으니 괴로움에서 헤어날 기약이 없느니라. 이로 인해 마음은 병들고 몸은 지쳐 목숨이 다하게 되면, 모든 것을 버리고 빈손으로 떠나니, 무엇을 가지고 어디까지 갈 수 있으랴.

이러한 서글픔은 부자나 가난한 사람, 이

모두가 마찬가지니라. 이처럼 근심과 두려움, 애타는 괴로움이 끝없으니 마치 불붙는 괴로움이나 캄캄한 어둠 속을 헤매는 것과 같다고 할 수 있으리라. 가난하고 천한 사람은 항상 궁색하고 게으르며 탐욕스러운 마음이 그칠 사이 없이 일어나 땅이나 집, 가축이나 보물, 옷이나 살림살이, 이런 모든 것을 가지려는 탐욕으로 항상 고통 받느니라.

한 가지가 있으면 어느 한 가지가 부족하고, 이것을 모으면 저것이 흩어지니, 어쩌다가 모두가 갖추어졌다 해도 오래 가지 못하고 곧 빈털터리가 되고 마느니라.

그리하여 다시금 끌어 모으려고 발버둥 치며, 헤메일 때의 마음은 조급하기 그지 없으니 몸은 괴로움으로 갈기갈기 찢겨져 마치 얼음을 안고 불을 품는 것 같으니라. 그렇게 허덕이다가 결국은 다시 돌아가나니, 평소에 착한 일을 하거나 공덕은 쌓아 보지도 못하고 어느 것 하나 몸에 지닐 수 없이 몸을 버리고 허무하게 홀로 떠나느니라. 이 생에서 지은 악업으로 인해 악도에 태어날 수밖에 없지만, 그런 선악의 과보마저도 알지 못한 채 떠나고 마느니라.

세상 사람들이여, 부자나 형제나 부부 또는 일가친척 간에 서로 공경하고 사랑하고 결코 미워하거나 시기하고 질투하지 말라. 남의 것을 탐내거나 없는 사람들에게 인색하게 굴지 말라. 항상 부드러운 말과 상냥하고 화평한 얼굴로 대하도록 하라.

만약 서로 다투게 되어 분한 마음이 남게 되면, 비록 이 세상에서 그 원한이 당장 돌아오지 않는다 해도, 쌓이고 쌓인 원한과 미움은 다음 세상에서 반드시 원수로 나타나 그 보복을 받게 되느니라. 인간은 이 세상 애욕의 바다에서 홀로 태어나서 홀로 죽어 가느니라. 어떤 괴롭고 즐거운 곳에서도 자기가 지은 선악의 행위에 대한 과보는 스스로 받고 감당하느니라. 어느 누구도 그 과보를 대신 받아 주지 않고, 대신할 수도 없는 것. 그래서 착한 일을 행한 사람은 몸을 바꿀 때 행복한 곳에 태어나고, 악한 일을 한 사람은 고통과 재앙이 있는 곳에 태어나는 것이니라. 이는 이미 그가 행한 과보에 따라 분명히 정해져 있는 것이다. 각자가 지은 과보가 다를 때엔, 이 세상에서 아무리 가까운 부모 자식 간이나 부부나 형제라도 다음 생에서 두 번 다시 만나 볼 수가 없느니라. 이처럼 금생에 지은 선악의 행위와 다음 세상에서 받을 고통과 즐거움의 과보는 변함없는 인과의 이치로 각각 지은 바 업에 따라서 태어날 뿐이니라. 그리하여 가는 길은 멀고 험난하여 서로 오랜 이별을 하지 않을 수가 없으며, 또한 가는 길이 서로 다르기 때문에 다시 만날 기약조차 없느니라. 이처럼 슬프고 아득한 일이 또 있으랴? 그래서 참된 선과를 닦아 언제 어디서나 안락할 수 있도록 해야 하느니라.

그럼에도 불구하고 세상 사람들은 어찌하여 덧없는 세상일에만 매달려 영원한 생명을 얻을 수 있는 인과의 진리를 깨달으려 하지 않는가? 몸이 젊고 건강할 때 힘을 다하여 착한 일을 하고, 더욱 정진하여 고통의 바다를 건너야 할 것이니라. 세상 사람들은

착한 일을 행하여 편안함을 얻고, 진리를 닦
으면 깨달음을 이룰 수 있다는 사실을 믿지
않고, 흔히 삼보를 거역해 제일 큰 죄업을
짓느니라. 또 부모의 뜻을 거역하는 것이 은
혜를 저버리는 일이라는 사실도 잊은 채, 진
리의 가르침을 소홀히 여기느니라.

그리하여 살아서는 곤궁하고, 사람다운
사람도 될 수 없으며, 자칫 죽어서는 악도에
떨어진다는 사실을 알지 못하고 있다. 또한
사람이 죽으면 다시 태어난다는 것과 은혜
를 베풀면 반드시 복을 받는다는 선악인과
의 이치를 믿지도 않느니라. 늙은이, 젊은이
를 막론하고 그릇된 생각을 계속 이어받아
부모는 오히려 자식을 잘못 이끌어 그 행동
은 어리석고 마음은 꽉 막혀 정신이 흐려지
느니라. 그래서 죽고 사는 생사의 이치와 선

악인과의 도리를 깨닫기는 고사하고, 그 사
실을 말하거나 들려 줄 사람조차 없느니라.
그러나 인간의 길흉화복과 생사고락은 인
과의 도리에 따라 스스로 받게 되는 것이니,
인과응보의 진리를 절대로 의심할 수 없는
것이니라. 인간이 죽고 사는 법칙은 언제나
변함없는 진리로 영원히 이어지고 있느니
라. 자식은 부모를 여의고 통곡하며, 부모는
자식을 잃고 애통해 하며 또 부부와 형제자
매 간에 죽음을 당하면 슬퍼하지 않을 수 없
느니라. 죽음은 늙고 젊다는 차례대로 찾아
들지 않는 법. 이것이 무상한 인생의 실상이
니라.

　삼라만상은 다 지나가고 마는 것, 영원히
변하지 않는 것은 아무것도 없느니라. 가족
중에 부모나 자식, 또 형제나 부부 중에 누

군가가 먼저 세상을 떠나면, 남은 사람은 살아있을 때의 불효했던 마음이나, 좀 더 사랑스럽게 대하지 못했다거나, 이런저런 끊을 수 없는 정리로 마음은 더욱 어둡고 혼미하여 답답하기 그지없느니라. 이런 무상한 인생의 실상을 조금도 예측하지 못하니, 이를 깨우쳐 주려 해도 인생이 무상하다는 사실을 믿는 사람이 거의 없어 이를 깨우칠 수가 없느니라. 혹 깨우칠 수 있는 사람이 있다고 해도 마음이 어둡고 어리석어 생사의 윤회를 전혀 생각지도 못하고 순간의 쾌락에만 몰두하니, 마침내 지옥이나 삼악도에 떨어져서 아귀나 축생이 되어 고통받게 되느니라.

한 세상 살고 마는 것이라 생각해 놓고 마시며, 흥청망청 즐기다가 몸은 늙고 병들어

죽음에 이르러서야 허겁지겁 선을 행하려 해도 몸과 마음이 이미 제대로 움직이지 않으니, 참으로 어찌할 수 있으랴!

세상은 온통 악으로 어지럽혀져 오고가는 이웃의 정이란 조금도 없고, 사람 사이의 따스함도 찾아보기 힘들다. 아무 곳에서나 서슴없이 사람의 목숨을 노리며, 짐승처럼 포악해져서 서로 으르렁 거리는가 하면, 육체의 쾌락을 좇아 한결같이 이리 뛰고 저리 뛰고 헤매니, 그 가엾은 마음은 마침내 지쳐 쓰러져 불행한 재앙을 받게 되느니라.

이렇듯 참다운 사람의 도리를 따르지 않고, 그릇된 죄악만을 서로 다투어 저지르니, 그것이 쌓이고 쌓이면 그 인연의 과보만을 기다려야 할 뿐, 달리 어찌할 도리가 없느니라. 주어진 각자의 과보에 의해 어느 날 갑자기 지옥으로 떨어지니, 몇 겁을 악도에서 돌고 돌며 헤아릴 수 없는 고통을 받게 되느니라.

인간의 행복이나 부귀영화, 온갖 존귀함이나 불행, 이 모든 일들은 다 자신이 지나온 겁에 닦은 공덕이 인연이 되어 나타나는 법. 사람이 사람으로 태어나 생김새가 비슷하나, 착한 사람, 악한 사람, 잘난 사람, 못난 사람, 잘살고 못사는 사람으로 나누어져 그 삶이 다양한 것은 무슨 까닭인가? 그것은 자기가 지은 것은 자기가 받는 인과응보의 결과이니라.

이제 내가 중생들을 교화하기 위해 세상의 다섯 가지 죄악인 살생·도둑질·음행·망어·음주의 죄업을 떨쳐 버리고 선업을 닦아서 복덕과 구원과 장수와 영원히

생사의 물결에 휩쓸리지 않는 열반을 얻게
하리라.

삼세인과 법문을 듣고, 삼세의 모든 인과
가 중생들에게 다시없이 소중한 가르침임
을 깨달으라. 그리하여 세세생생 온갖 복락
을 누릴 수 있도록 이를 정성껏 지녀 가볍게
여기지 말라."

부처님께서는 이어서 삼세인과에 대하여
자세히 예를 들어 말씀하셨다.

"첫째, 인간이나 곤충 등 하찮은 미물에
이르기까지, 강한 자는 약한 자를 억누르고
해치며, 죽이고 잡아먹는다. 법신은 그런 모
든 중생의 선과 악을 살펴 적당한 과보를 받
게 하느니라. 그리하여 부자와 가난한 자,
귀하고 천한 사람, 즐겁고 불행한 사람, 지
혜롭고 어리석은 사람, 몸이 온전한 사람과

성치 못한 사람 등 수많은 사람들의 형태와 습관, 환경을 나누는데, 이는 모두 지난 세상에 지은 업보에 따라 결정되는 것이니라.

악업을 행한 사람은 그만한 악업을 지워야하고, 선행을 한 사람은 그만한 즐거움을 누려야 하는 것은 당연한 이치이다. 한 나라에 국법이 있어도 질서정연한 법을 무시하고, 제멋대로 하게 되면, 그 죄에 대해 감옥에 들어가 벌을 받는 일과 다름이 없느니라. 그런데 목숨을 마치고 다음 생에서 받는 괴로움은 이루 말로 다할 수 없을 만큼 혹독하고 잔인해 어떤 힘이나 보살핌으로도 절대 피할 수 없다. 그 괴로움은 삼악도를 윤회하며 계속되니, 그 삶의 수명이 짧을 때도 있고, 한없이 길 때도 있으며, 정신은 그 몸을 바꿀 때마다 몸속에 깃드니, 언제나 몸과 함께 고통을 받느니라. 또한 태어날 때는 혼자이나 전생에 원한이 있으면 서로 같은 곳에 태어나 어떤 방법으로든 서로 보복하면서 살게 되는데, 어느 한 쪽이 피하려고 다른 곳으로 이사를 가거나 떠난다 해도, 그 원한의 악업이 다하기에는 서로 떠날 수가 없느니라. 인과응보의 도리는 너무나 정확해 선이나 악을 행하면, 즉시 그 과보가 나타나지는 않는다고 해도 머지않아 그 과보를 받게 되느니라.

둘째, 세상 사람들은 부모나 자식 간에 친애가 없고, 부부 간에 존경이나 사랑이 없으며, 친구 간에 믿음이나 의리가 없어 진실이라곤 찾아볼 수 없다. 사치스럽고 방탕하기 짝이 없고 서로 속이며 교만하거나 방종하니 진실한 마음은 아예 사라져 버렸느니라.

또 임금과 신하 사이도 마찬가지니라. 신하는 충성심은 없고 간사하여 아첨을 일삼고, 어진 신하를 모략하고 비방한다. 임금의 밝은 지혜는 아첨하는 신하에게 가리워져 무능한 신하만을 등용하므로 그 무리들은 마음대로 부정을 행하니, 나라는 마침내 망하고 마느니라. 신하는 임금을 속이고, 임금은 신하에게 우롱당하며, 자식은 부모를 가까이 하지 않고 부모는 자식을 책하지 않는다. 형제나 부부, 친구 사이에도 서로 속이고 조롱하며, 각자 자신의 탐욕과 노여움, 그릇된 마음으로 자신의 만족에만 빠져든다. 이 때 이해가 서로 다른 사람들과는 원수처럼 서로 등을 돌리고 미워하며, 마침내 서로 배반하여 원한을 맺게 되니, 인과를 피할 수 없게 되느니라. 어떤 사람은 많은 재물을 가지고 있으면서도 불쌍하고 가난한 사람들에게 보시할 줄 모르고 그저 재물을 모으기에만 급급하여 평생 숨 한번 편안하게 쉬지 못하고 그 많은 재물로 좋은 일 한 번 하지 못하고 덜컥 죽고 만다. 사람은 한 번 죽으면 그뿐인 것, 누구나 빈 손으로 왔다가 빈 손으로 가는 것, 이 세상의 재물과 헛된 욕망은 인과의 업만 더할 뿐 아무것도 가지고 갈 수 없느니라.

착한 일을 하여 복을 받고, 나쁜 일을 하여 화를 당하는 필연적인 인과의 도리는 몸을 바꾸어도 떠나지 않고 행복한 곳이나, 불행한 곳을 가리지 않고 늘 따라 다니느니라.

세상에서 어리석은 사람은 항상 남의 것을 탐내거나 훔치려 하고, 나쁜 말로 재물을 얻으면 마치 제 힘으로 얻은 양 으스대다가 낭비와 사치와 탐욕으로 곧 다 써버리고 남을 원망한다. 그리고는 다시 어두운 마음을 품고 남의 것을 훔치려 하니, 이들은 마음이 바르지 못하고 항상 거짓되기 때문에 남의 눈을 두려워하다가 불행한 일을 당하고 나서야 비로소 후회하느니라. 금생에는 나라마다 각각 법이 있어 죄를 지으면 벌을 받는다. 전생에 선을 닦지 않았으면, 금생에 와서도 다시 죄를 짓게 되는 것이니, 법신은 그 죄를 빠짐없이 기록해 그 인과에 따라 그 삶이 태어날 곳을 정하느니라.

셋째, 지혜로운 사람, 덕 있는 사람, 고귀한 사람, 돈이 많은 사람, 미련한 사람, 어리석은 사람, 가난한 사람, 몸이 성치 못한 사람 등 수많은 사람들이 있다. 그 중에서도 악한 사람은 항상 나쁜 마음을 품고 애욕의

번뇌가 가득하고 마음은 안절부절 어쩔 줄
모른다. 눈은 벌겋게 충혈되어 눈앞의 이익
만을 노릴 뿐이다. 그리고 음란한 마음을 품
고 주위의 다른 이성에게 음심을 품으며, 자
기 배우자를 공연히 미워하며 싫어하고, 재
산을 탕진하며, 다른 이성에게 빠지느니라.
또한 때로는 같은 패거리들끼리 모여서 노
름하고 술 마시며, 서로 싸우고 죽인다. 스
스로 노력하지 않고 요행으로 이익을 구하
려 하며, 도둑질이나 사기를 쳐서 얼마간의
재물이 생기면 욕심은 더 엉뚱하게 큰일을
저지르게 된다. 이런 사람은 가족과 주위 사
람들과 사회에 근심, 걱정, 물의를 일으키지
만, 그 자신은 양심의 가책을 받기는커녕,
깨닫지도 못하다가 결국은 국법에 의한 형
벌을 받게 되는 것이니라.

이러한 악한 짓은 사람 뿐 만 아니라 눈에
보이지 않는 귀신에게도 알려지고, 천지신
명도 비춰보니 인과를 지켜보는 법신도 이
를 분명하게 기억하게 되느니라.

　넷째, 세상 사람들은 선을 행하지 않고 욕
설과 이간질, 거짓말과 음란한 대화를 부끄
러워하지 않으며 남을 비방하거나 헐뜯는
다. 부모에게 불효하고 스승과 어른들을 공
경할 줄 모르며, 어린이를 학대하고 오로지
남녀 간의 육체만을 즐기려고 한다. 이들이
만일 높은 자리에 오르면 자기가 마치 세상
의 모든 이치를 다 아는 듯 더욱 뽐내고 거
만하게 함부로 권세를 부리며 남을 업신여
기기를 너무 손쉽게 하느니라.

　또 자기의 분수를 모르기 때문에 악을 행
하고도 부끄러워하지 않고, 스스로 힘 있다

는 사실을 드러내 남의 공경과 위엄을 사려고 하느니라. 이런 모든 악은 전생에 얼마간의 복덕을 쌓은 보람으로 금생에서 약간의 지위와 부를 누리며 유지하지만, 금생에 악을 범해 그 복력이 다하면 모든 부귀공명이 그를 떠나고 마는 것, 그의 목숨이 다하면 그가 지은 악업만이 남아서 삼악도의 불가마 속에 들어가 몸은 무너지고 정신은 한없이 고통을 받으니 이 때에 이르러서야 후회한들 무슨 소용이 있으랴?

다섯째, 사람들은 자기가 할 수 있는 최대의 능력을 다해 노력하지 않으니 그 가족과 부양해야 하는 식구들이 굶주림과 추위에 떨며 괴로워한다. 윗사람이 더 부지런하라, 노력하라 이렇게 충고하면 오히려 눈을 부라리며 거칠게 대꾸하거나 들은 체 하지도 않으며, 남을 사귈 때는 예의범절이 없어 친구를 잃는다. 은혜를 입으면 당연히 받는 것으로 알며, 자신이 무언가 조그마한 것을 베풀면 마치 커다란 산이라도 움직인 듯 떠들고, 되돌려 받아야 하지만 자신은 그런 생각이 없다는 듯 꾸미며, 의리나 보답 따위는 아예 무시한다. 그러므로 더욱 가난하고 궁색해져 모든 사람들이 눈살을 찌푸리고 그를 쳐다본다. 남의 것을 힘 안들이고 거저 얻는 버릇을 고치지 못해 항상 얻는 것으로 생활하려 하느니라. 그러면서 자신은 마치 세상에서 가장 고통스러운 사람인 양, 늘 술독에 빠져 횡설수설하거나 입에 맞는 좋은 음식만을 탐하여 조금도 절약하려 들지 않고, 내일 일은 전혀 생각지 않아, 마치 오늘 단 하루만 사는 것처럼 행동하느니라. 또 집

안 살림살이 형편이 어떤지 전혀 생각지 않
고 부모형제의 은혜를 생각지 않으며, 스승
이나 친구 간에도 의리가 없다. 그뿐 아니라
옛 성인이나 부처님의 가르침을 믿으려 하
지 않고, 오히려 비방하며, 죽은 다음 영혼
이 있어 다시 태어난다는 사실을 믿지 않는
다. 따라서 선악의 인과에 따라 안락과 고통
을 받는 인과응보의 도리를 믿지 않느니라.
수없는 영겁 속에는 생사윤회의 이치가 분
명하며, 그 법칙은 실로 넓고 깊어 신기하기
그지없으니 선악의 과보로 자신이 지은 업
보는 스스로 받는 것이지 어느 누구도 대신
할 수 없느니라.

　바로 이것이 인과의 법칙이다. 그러므로
자신이 지은 업보에 따라서 시시각각으로
죄와 벌이 그림자처럼 따라 다닌다는 사실

을 잊지 말아야 하느니라. 지혜롭고 착하며, 복을 많이 지은 사람은 더욱 선을 닦아 안락한 곳에 머물며, 더욱더 좋은 곳으로 나아간다. 또 우둔하고 악하여 박복한 사람은 다시 악을 범하고 괴로운 곳에서 더욱 괴로운 곳으로 떨어지며 마음은 더욱 고통스럽게 되느니라.

이처럼 깊고 신묘한 인과의 이치를 누가 알 수 있으랴? 오직 부처님만이 알고 계실 뿐이니라. 그러나 사람들이 지성으로 마음을 가다듬고 선을 닦아 인과의 이치를 깨닫는다면, 한량없는 고뇌를 끊고 천상에 태어나 영생불멸의 열반에 들 수 있는 것, 이는 무한 정진으로 가능한 것이니라. 그러므로 그대들은 이 삼세인과 법문을 지성껏 염송하고 더욱더 정진하라."

부처님께서는 이어서 삼세인과에 대해 간단한 예를 들어 설명하셨다.

"금생에 태어나 인간의 존엄함을 알고, 사람이 지켜야 할 도리를 잘 지켜 다른 사람들로부터 칭송을 받으며 존경받는 이는, 전생에 부처님의 말씀과 그 가르침을 지키고 이를 끊임없이 다른 사람에게 널리 가르쳐 준 사람이니라.

금생에 남의 스승이 되어 가르치며 지혜와 학덕이 뛰어난 사람은, 전생에 부처님께서 경전을 설하실 때 청정한 마음으로 듣고 새기며, 불법을 배우려는 사람들에게 많은 도움을 준 공덕의 결과이다.

금생에 인격이 높고 후덕하며 지혜로워한 집안이나 한 나라의 기둥이 될 만한 사람은, 전생에 불·법·승 삼보를 지성으로 널

리 전하고 솔선수범해 널리 행한 공덕이니
라.

금생에 재주가 뛰어나고 총명한 사람은,
전생에 경전을 많이 보고 읽고 전하여 스님
이나 공부하는 많은 사람들에게 도움을 준
인연이니라.

금생에 높은 자리에 올라 사람들을 통솔
하는 사람은, 전생에 불상을 조성하였거나,
불쌍하고 가엾은 사람들을 구제해 준 공덕
이니라.

금생에 부부가 화목하며 훌륭한 자식을
두고, 여러 가지 복을 갖춘 사람은, 전생에
정법을 받들고 불단을 장식하고, 부처님 도
량을 깨끗이 하여 선근공덕을 쌓은 공덕이
니라.

금생에 목소리가 아름다워 여러 사람을

즐겁게 하는 사람은, 전생에 절에서 종을 만들 때 구리와 쇠를 시주한 까닭이니라.

금생에 많은 사람들에게 존경받고 사랑받는 사람은, 전생에 빈부귀천으로 사람들을 가리지 않고 기꺼운 마음으로 봉사하며, 사람의 가치가 존귀함을 스스로 깨닫고 이를 다른 사람들에게도 가르쳐 준 인연이니라.

금생에 눈빛이 맑고 얼굴이 밝은 사람은, 전생에 부처님 앞에 등불을 밝히고 고운 마음씨를 가졌기 때문이니라.

금생에 아름다운 용모에 건강한 육체를 가지고 우아하고 단정하게 보이는 사람은, 전생에 아름다운 꽃과 향기로운 향을 부처님께 공양한 공덕이니라.

금생에 즐거움을 잊지 않고 항상 웃음짓

는 사람은, 전생에 자연을 사랑하며 아름다
운 꽃을 가꾸어 여러 사람들을 즐겁게 한 때
문이니라.

금생에 부모님을 모시고 근심걱정 없이
화목하게 살아가는 사람은, 전생에 스승을
잘 모시고 여러 사람과 함께 한 자리에 모여
서 불경을 청정한 마음으로 읽으며, 부처님
의 말씀을 잘 믿고 받든 까닭이니라.

금생에 부부 간에 화합하여 그 사이가 좋
고 백년해로하는 사람은, 전생에 약속을 잘
지키고 신의를 잘 지키며, 부처님의 경전을
널리 인쇄하여 여러 사람에게 보시한 공덕
이니라.

금생에 의식이 풍족하고 부귀영화를 누
리는 사람은, 전생에 남의 재물을 탐내지 않
고 가난한 사람들을 도와주며 가진 것을 나

뉘 쓰며 보시한 사람이니라.

금생에 신분이 낮고 천하여 사람들에게 손가락질 받으며 사람답게 살지 못하는 사람은, 전생에 남을 학대하고 남에게 도움 되는 일은 하지 않고 또 재물이 없어 보시공덕은 쌓지 못할지라도 남에게 선행하기를 구하는 일조차 하지 않고 꺼린 까닭이니라.

금생에 다른 사람에게 시기를 당하거나 모략을 당하고 부당하게 천대받는 사람은, 전생에 부처님께 엎드려 절하면서 의심을 품은 탓이니라.

금생에 남에게 부림을 받아가며 궂은일을 평생토록 하는 사람은, 전생에 하인이나 짐승을 함부로 대하고 학대하며 괴롭힌 까닭이니라.

금생에 몸이 약하고 언제나 병들어 신음

하며 지내는 사람은, 전생에 악취를 남에게 뿌리며 부처님 도량을 더럽힌 까닭이니라.

금생에 병이 없고 항상 건강하고 튼튼하며 오래 사는 사람은, 전생에 죽어가는 생명을 돌봐주고 다 죽게 된 생명을 살려 준 방생의 공덕이니라.

금생에 의·식·주가 풍족하고 가족이 단란하고 행복한 사람은, 전생에 부처님 계신 도량을 깨끗이 했기 때문이니라.

금생에 살림을 잘하고 음식솜씨가 좋아 사람들로부터 칭찬을 받는 여인은, 전생에 부처님께 지성껏 공양한 공덕이니라.

금생에 사람들과 잘 어울리며 모든 일을 잘 이끌어 나가는 사람은, 전생에 거짓말하지 않고 청정한 계행을 지켜 항상 깨끗한 손으로 부처님께 향을 올렸기 때문이니라.

금생에 귀가 먹어 소리를 못 듣는 사람은, 전생에 불경 읽는 소리를 듣고 귀를 막은 인과이며, 말 못하는 벙어리는 전생에 부모를 욕하고 삼보를 비방한 인과이니라.

　금생에 남과 싸우기를 좋아하고 조그만 일에도 화를 잘 내고 시비하기를 일삼아 불량한 사람이라고 손가락질 받는 사람은, 전생에 여러 가지로 많은 사람들을 괴롭힌 까닭이니라.

　금생에 자식에게 학대받고 일가친척이나 주위 사람들로부터 외면당하는 여자는, 전생에 어린 자식을 돌보지 않고 외간 남자와 놀아나며 음행한 결과이니라.

　금생에 자식에게 학대받고 일가친척이나 주위 사람들로부터 외면당하는 남자는, 전생에 처자식을 돌보지 않고 술 마시며 다른 여자와 정을 통한 과보이니라.

금생에 방탕한 자식 때문에 고통받는 사람은, 전생에 자신의 방탕한 음행을 자식들에게 보인 까닭이니라.

금생에 아들딸이 없어서 외롭고 고독한 사람은, 전생에 자연을 돌보지 않고 꽃을 함부로 꺾은 결과이니라.

금생에 남편을 잃고 과부가 되어 혼자 고독하고 쓸쓸하게 사는 여자는, 전생에 사람들을 괴롭히고 남편을 괄시하며 학대한 연고이니라.

금생에 상처하고 홀아비로 지내는 사람은, 전생에 연약한 사람들을 학대하고 구박한 까닭이니라.

금생에 남의 생명을 빼앗거나 죄를 지어 무거운 형벌을 받는 사람은, 전생에 남을 해

첬거나 많은 생명을 함부로 죽이고 가볍게
여긴 결과이니라.

금생에 약한 사람을 괴롭히고 강한 자에
게 굽신거리며 아부하는 사람은, 전생에 자
기의 권세를 믿고 방자한 행동으로 간교한
짓을 일삼았기 때문이니라.

금생에 뜻하지 않은 재난으로 불구의 몸
이 되거나 가족을 잃고 슬퍼하는 이는, 전생
에 부처님의 인과를 믿지 않고 스승의 가르
침을 어기며 많은 사람들의 뜻을 거슬렀기
때문이니라.

금생에 몹쓸 질병에 신음하다가 제 명을
다 채우지 못하고 일찍 죽게 되는 이는, 전
생에 함부로 살생하고 부처님의 도량에 더
러운 오물이나 가래침을 뱉어 더럽히며 사
람들의 몸과 마음을 괴롭힌 과보이니라.

금생에 항상 속병을 앓고 소화를 잘 시키지 못해 먹을 것만 보면 미친 듯이 달려들지만 결국은 제대로 먹지 못하는 사람은, 전생에 부처님께 올릴 음식에 손을 댔거나 먹었으며, 남보다 먼저 먹은 까닭이니라.

금생에 처자식 다 잃고 가진 것 하나없이 거지가 되어 구걸하러 다니는 사람은, 전생에 고약하고 인색하여 탁발하는 스님을 업신여기고 푸대접하며, 그 자신은 게을러 일하기를 싫어한 과보이니라.

금생에 갑자기 다리가 마비되거나 사고를 당해 일어서지 못하고 평생 동안 앉은 채로 살아야 하는 사람은, 전생에 부처님 경전을 흙바닥에 던지고 인과를 믿지 않았기 때문이니라.

금생에 눈이 우연히 어두워져 잘 보이지

않는 사람은, 전생에 부처님 앞의 등불을 입
으로 불어 끄거나, 불 밝히기를 주저하고 못
마땅한 사람을 만나면 자주 흘겨 본 까닭이
니라.

금생에 항상 몸이 불결하고 더러운 냄새
가 나 사람들의 눈살을 찌푸리게 하는 사람
은, 전생에 부처님의 도량을 드나들 때 몸가
짐이나 의복이 단정치 못하였고, 다른 사람
들 앞에서 추한 모습을 보이며, 더럽게 하고
다니는 것을 부끄러워하지 않은 까닭이니
라.

금생에 불쌍한 죽음을 당하거나 성 불구
의 몸이 되어 고통을 받는 사람은, 전생에
부부 이외의 사람과 음행을 하고 연약한 아
녀자를 숲 속에 끌고 들어가 욕보인 과보이
니라.

금생에 귀가 먹어 잘 듣지 못하고 눈이 붉고 충혈되어 보기가 거북할 뿐만 아니라 잘 보이지도 않는 사람은, 전생에 남이 묻는 말에 엉뚱한 소리를 하거나 못들은 척하고 길을 묻는 사람에게 제대로 가르쳐 주지 않고, 심지어는 아무렇게나 말하여 엉뚱한 곳으로 가게 한 탓이니라.

　금생에 항상 병고에 신음하는 사람은, 전생에 질투심이 많았기 때문이니라.

　금생에 허리를 다치거나 허리뼈가 빠져 항상 뻣뻣하게 선 채로 고생하는 사람은, 전생에 부처님께 절하지 않고 오히려 절하는 사람들을 비웃고 우롱한 연고이니라.

　금생에 얼굴이 흉하고 못생겨서 보기 싫은 사람은, 전생에 얼굴이 잘 생기고 그 모습이 뛰어난 사람을 시기하고 질투한 까닭이니라.

　금생에 추하고 더러운 질병으로 고생하는 사람은, 전생에 남이 귀하게 되는 것을 시기하고 방해한 까닭이니라.

　금생에 소나 말로 태어나 밭을 갈고 마차를 끌며 고생하는 짐승은, 전생에 은혜를 모르며 의리없이 남의 빚을 갚지 아니한 때문이니라.

　금생에 제 명대로 못살고 자기 스스로 목숨을 끊는 사람은, 전생에 개울을 막고 독약을 풀어 물고기를 잡은 인과이니라.

　금생에 벼락을 맞거나 집이 무너져 깔리거나 해서 참변으로 죽는 사람은, 전생에 재물을 탐내 저울 눈금을 속이거나 되질이나 말질을 교묘하게 속여 판 과보이니라.

　금생에 뱀이나 새로 태어나는 사람은, 전

생에 간사하고 거짓되고 경솔한 업을 지은 탓이니라.

금생에 독사나 맹수에게 물린 사람은, 전생에 불·법·승 삼보를 거역하고 싸움으로 원수를 갚았기 때문이니라.

금생에 어떤 사람은 온 몸이 마비되고 눈썹과 수염이 빠지고 몸이 부르트고 고름이 흐르며, 손가락과 발가락이 뭉개지는 병에 걸려 사람들이 외면하고 가족이나 일가친척들이 내다버리면, 새나 짐승들이 와서 덤비고 아무도 돌보는 사람 없이 죽어간다. 이런 사람은 전생에 삼보를 비방하고 부모에게 불효하며, 부처님 도량의 탑과 절을 부수고, 깨달은 사람을 학대하고 스승을 죽이기까지 하면서도 참회하지 않고, 짐승 같은 행동으로 사람들을 해치며, 전혀 깨닫지 못한 과보이니라.

금생에 몸이 길고 귀와 발이 없어 꿈틀거리며 배로 기어 다니면서 흙을 먹고 살며, 작은 벌레들에게 물어뜯기고 빨아 먹히며, 결국은 날짐승에게 잡아먹히는 중생은, 전생에 부처님 말씀을 믿지 않으며, 부모에게 불효하고 재물이나 권력을 가지고 약하고 가난한 사람들을 무시하고 학대하며, 고통스럽게 한 인과이니라.

금생에 장님으로 태어나 나무에 부딪치고, 수렁에 빠지거나 절벽에서 떨어져 죽고 다시 몸을 받아 태어날 때마다 장님으로 태어나는 사람은, 전생에 죄와 복을 믿지 않고 살아있는 생명을 움직이지 못하게 가두고, 매달고, 남의 눈을 멀게 한 과보이니라.

금생에 말더듬이나 벙어리가 되어 말을

하지 못하며 설사 말을 하더라도 그 소리가 분명치 않아 듣는 사람까지 답답한 고통을 받게 하는 사람은, 전생에 삼보를 비난하고 옳고 그름을 시비하고, 착한 이를 공연히 화나게 하여 걸고 넘어지며, 어진 사람을 질투한 과보이니라.

금생에 어떤 중생은 배는 큰데 목이 가늘어 먹은 것이 소화되지 않고, 먹어도 피고름이 되어 버리는 이런 사람은, 전생에 부처님께 올릴 공양을 훔쳐 먹었거나, 이런 사람이 먹을 양식을 혼자 훔쳐 두고 먹었거나, 제 것은 아끼고 남의 것을 탐내며 나쁜 마음으로 사람들에게 못 먹을 것을 먹게 한 과보이니라.

금생에 어떤 사람은 뜨거운 쇳물을 입에 붓고 쇠목으로 팔다리를 마구 못질하며, 온 몸에 불을 질러 고통을 겪는다. 이 사람은 전생에 의술을 가진 자로서 남의 몸을 상하게만 하고 병은 고치지 못하면서, 사람을 속이고 돈을 받아 고통받는 환자를 더욱 고통스럽게 한 과보이니라.

금생에 어떤 중생은 깊고 높은 설산 꼭대기에 항상 앉아 움직이지 못하는데, 찬 바람에 살이 터져 죽지도 못하고 살지도 못하니 그 고통을 이루 말할 수가 없다. 이 사람은 전생에 강도로 길가는 사람을 가로막고 옷을 빼앗아 제가 입고, 패물은 제가 가지며, 소나 양, 짐승의 가죽을 벗겨 고통을 받게 한 과보이니라.

금생에 어떤 사람은 어리석고 우둔하기 그지없어 좋고 나쁨을 구별하지 못한다. 이는 전생에 술을 먹고 만취하여 서른여섯 가지 실수를 범하고, 그 후에는 바보가 되어 옳고 그름과 높고 낮음을 분별하지 못하였나니, 그런 악업으로 이런 과보를 받느니라.

금생에 어떤 사람은 그 모습이 매우 흉악하고 피부는 거무튀튀하며 얼굴은 울퉁불퉁하고 여기저기서 진물이 흐르고 코는 납작하고 두 볼은 붉으죽죽하며 두 눈은 시뻘겋게 충혈되고, 이빨은 사이가 빠지고 썩었으며, 입 안과 몸에서 나는 악취는 이루 말할 수 없다. 키는 난장이에다 안짱다리, 허리는 절구통 같으며 팔다리는 뒤틀려 있다.

먹음새는 거칠고 몸에는 종기가 나 고름이 줄줄 흐르며 퉁퉁 부어오르고 옴과 등창병에 온갖 나쁜 병이 한 몸에 모여 생명이나 부지하려 해도 누구하나 거들떠보지 않는다. 다른 사람이 지은 죄에 걸려 대신 벌을 받고, 영원히 괴로움에서 벗어나지 못하는 이런 사람은, 전생에 부모에게 불효하고 윗사람으로서 아랫사람을 사랑하지 않았기 때문이다. 또 의리를 지키지 않고, 사랑하지 않았기 때문이다. 또 의리를 지키지 않고, 신의가 없으며 노인이나 어른들을 공경하지 않으며, 자기가 맡은 책임을 올바르게 처리하지 않아, 도둑질하고 부녀자를 겁탈하며 착한 이를 비방하고 스승을 경멸하고 사람들 속이기를 예사로 하였다. 이런 온갖 죄악을 골고루 범한 결과로 이런 과보를 받느니라.

금생에 어떤 귀신이 있는데 두 어깨에 눈이 있고 가슴에 입과 코가 있다. 이 귀신은 전생에 항상 백정의 제자가 되어 살생하기를 즐겨 노끈으로 짐승을 얽어매고 끌어 잡아당긴 과보로 이런 몸을 받았으니, 곧 다시 지옥으로 들어갈 것이니라.

금생에 손·발·눈·귀·코가 없고 항상 벌레들이 뜯어 먹는 고기 덩어리와 같아서 언제나 고통받는 중생, 이 중생은 전생에 살아있는 목숨을 온전히 살지 못하게 한 과보로 이런 일을 당하느니라.

금생에 어떤 귀신은 이렇게 말한다.

'나는 배가 엄청나게 큰데 목구멍은 바늘구멍만하니 몇 해가 지나도 음식을 먹을 수 없다. 배가 항상 고픈 고통을 겪는다. 나는 전생에 한 마을의 주인이 되어 내 자신의 부귀를 믿고 술을 먹고 비틀거리며 남들을 업신여기고, 음식을 빼앗아 모든 사람들의 배를 굶주리게 한 과보 때문이다.'

금생에 어떤 귀신은 뜨거운 쇠바퀴를 두

겨드랑이 사이에 끼고, 온몸이 그 뜨거움으로 타고 들볶인다. 이는 전생에 대중을 위해 떡을 만들면서 두 개를 훔쳐 겨드랑이에 감추었던 인연으로 그런 업보를 받는 것이다.

금생에 어떤 귀신은 일생 동안 어깨에 큰 구리 항아리를 메고 있다. 그 한가운데는 펄펄 끓는 구리물이 가득하여, 자연히 정수리에 쏟아지니, 그 고통을 참기 힘들다. 이는 전생에 사람으로 태어나 절의 살림살이를 맡아 대중의 일을 볼 때, 맛있는 음식을 항아리에 담아 몰래 숨겨두고, 때에 따라 공양하지 않고 객승들이 간 뒤에야 자기 절의 대중들끼리 나누어 먹은 인연으로 그런 과보를 받느니라.

금생의 어떤 중생은 똥, 오줌 등 더러운 오물이 가득 괴어 구린내와 악취가 심한 곳에 손발도 없고, 몸은 미끈미끈한 채, 두 길이나 되고 꿈틀거리기만 하는 흉측한 모습으로 살고 있다. 이는 전생에 큰 절의 주지였다. 그는 어느 날 5백 명의 상인들이 절에 들렀다 스님들의 수도하는 모습을 보고 기쁜 마음으로 가지고 있던 진주를 보시했다. 주지는 욕심이 생겨 그 진주를 혼자 감추고 다른 스님들을 위해 쓰지 않았다. 한 대중스님이 이 사실을 묻자 더러운 침을 뱉으며 욕설을 퍼부은 과보로 이처럼 보기 흉한 짐승이 되고, 다음 생에도 지옥에 들어가 한없는 고통을 더 받느니라.

금생의 어떤 중생은 혀가 넓고 큰데 쇠못이 박혀 있고, 불이 붙어 타오르니 밤낮을 가리지 않고 한량없는 고통을 받고 있다. 이는 전생에 주지를 지낼 때 여러 대중들과 객

으로 찾아온 비구들을 욕설하며 쫓아 보내
고 공양을 함께하지 않은 과보이니라."

　제자들이여! 인과는 여기에서 그치는 것
이 아니니라. 금생과 전생을 지나 수천 겁의
세월이 지나도록 고통을 받고 그 죗값을 다
치러야만 새나 짐승으로 다시 태어나는 것
이니 선한 과보와 악한 과보를 분명히 보고
구별하라. 그리하여 악업을 버리고 선업을
닦을 수 있도록 참회하고 노력해 자신의 부
모와 모든 권속들이 따르고 깨달을 수 있게
하라. 진리의 가르침이나 정의롭고 참된 일
을 보고도 못 본 체하고, 듣고도 못들은 체
하며, 믿지 않는 사람은 필경에는 축생의 과
보밖에 받을 것이 없느니라. 권하노니《삼
세삼세인과경》을 받아 거듭 선과를 쌓도록
하라.

금생에 삼보를 공경하고 귀의하며, 실답
게 믿어 경전을 법보시하는 사람은 이 다음
생에 반드시 귀하게 태어나 무량한 복락을
누릴 것이니라. 만약 전생의 인과를 알고자
한다면, 이생에서의 일을 볼 것이며, 다음
생의 일을 알고자 한다면, 이생에서 행동하
고 있는 일을 보라.

　이 세상에서 우연히 물건을 잃었거나 도
적을 만나 빼앗기면 그것은 전생에 진 빚을
갚는 것이다. 남을 동정하고 고통받는 사람
을 가엾게 보살피면, 내생의 인을 맺으며,
선과를 받게 되리라.

　그러므로 자비스런 마음, 착한 마음, 은혜
를 갚는 마음, 삼보를 믿고 따르는 마음을
가져야 하느니라.”

부처님께선 이어서 이런 이야기를 설하
셨다.

　"내가 어떤 조그만 마을을 지나고 있을
때였느니라. 아이들 몇 명이 길가에 앉아 흙
으로 소꿉장난을 하고 있었다. 아이들은 흙
과 모래로 성을 쌓고, 그 안에다 줄을 그어
궁전이라 하였다. 그 줄 밖에는 백성들의 집
과 곡식을 넣어 둘 창고, 그리고 이곳저곳을
정해 막대기로 이리저리 금을 그었다. 이 때
나를 본 한 아이가 일어나 공손하게 절을 하
자 다른 아이들도 따라서 절했다. 그런 다음
금을 그어 만들어 놓은 창고에서 쌀이라고
넣어둔 모래를 한 줌 손에 집어 들고, 먼저
절한 아이가 또렷하게 말했다.

　'부처님이시여! 이 곡식을 고통받는 많은
사람들에게 골고루 나누어 주십시오. 부디

그 모든 사람들이 부처님의 가르침을 받들
도록 하십시오. 그리고 저희들로 하여금 이
런 인연으로 큰 지혜와 복을 받아 부처님의
일을 많이 이루게 하여 주십시오.'

그 아이는 이렇게 발원하였다. 이에 감동
한 나는 그 자리에서 이렇게 수기하여 주었
느니라.

'너는 참으로 착한 마음을 가졌도다. 다음
생에는 화시성의 왕으로 태어나리라. 아쇼
카라는 이름으로 태어나서 백성들을 다스
리고 곳곳에 탑을 쌓으며, 평생을 정법에 귀
의하여 부처님의 일을 크게 펼치리라.'

뒤에 그는 화시성의 왕으로 태어나 큰 절
을 짓고 곳곳에 불상을 봉안하였으며 수없
이 많은 탑을 세웠느니라. 그 때 공중에서
일하는 하인 중에 한 가난한 사람이 있어 이

렇게 생각하였느니라.

'우리 대왕께서는 전생에 부처님께 모래 한 줌을 시주한 공덕으로 금생에 이와 같은 부귀를 누리게 되었다. 그런데 나는 무엇으로 공덕을 지을 것인가?'

그 하인은 자신의 가난함을 깊이 탄식하였다. 이 하인은 복을 누리고자 하는 마음은 간절하나, 가진 물건을 바치기에는 마음이 모자랐다. 더욱이 부지런하지도 못해 게으르기 이를 데 없었다. 그러던 어느 날, 하루는 마당을 쓸다가 은전 한 닢을 주웠다. 그는 기쁜 마음으로 그 은전 한 푼을 가지고 부처님께 시주를 올렸다. 이 공덕으로 그는 다음 생에 그 나라에 공주로 태어났다. 태어난 지 이레 만에 손을 펴니, 그 손바닥에는 은전무늬가 새겨져 있었다. 공주가 자라자 이웃나라의 왕비가 되어 부처님의 가르침을 널리 펼쳤다. 그러나 그는 편안하기만을 바라고, 행복만을 구하여 시주하였을 뿐 부지런히 마음을 닦지 않았기 때문에 여자의 몸으로 태어나 이웃나라의 왕비가 되었을 뿐이다. 그렇지만 다만 은전 한 푼이나마 정성껏 시주하였으므로 부귀를 누릴 수는 있었느니라. 만일 사람들의 인과법을 공경하여 믿고 참되게 행하면, 아미타불과 서로 짝할 것이니라."

부처님께서는 이어서 이런 이야기도 들려 주셨다.

"내가 죽림정사에서 인연법을 설하고 있을 때였느니라. 어느 날 한 사람이 죽림정사로 허겁지겁 들어와 내 앞에 엎드리며 이렇게 말했다.

'부처님이시여! 지금 성 안에는 이상한 일이 일어나 모든 사람들이 놀라고 두려움과 공포에 떨고 있습니다. 저희 중생들을 제도하여 주십시오.'

그 사람은 두려움 때문에 제대로 말을 잇지 못하며 떨고 있었다.

그 때 죽림정사 안에 있던 모든 대중들의 눈길은 나와 그 사람에게 몰렸다. 그리고는 몹시 궁금하고 의아한 모습으로 웅성거렸다.

'너무 흥분하지 말고 차근차근 말해 보라.'

나는 우선 그 사람의 마음을 안정시켰다. 그는 조금 후 진정이 된 듯 말하기 시작했다.

'부처님이시여! 어떤 상인 한 사람이 암

소 한 마리를 팔기 위해 성문 옆으로 끌고 왔습니다. 암소를 매어 두고 상인이 낮잠을 자고 있는데, 자기소가 사람을 받아 죽이는 꿈을 꾸고 놀라 깨어났습니다. 그랬더니, 벌써 그 암소가 실제로 사람을 꿈속에서처럼 죽이고 있었습니다. 꿈에 보았던 일이 그대로 눈앞의 현실로 일어나자 이 상인은 혼비백산하여 놀랐습니다. 이미 죽은 사람의 장례비라도 치러 주고자 서둘러 암소를 팔려고 했지만, 아무도 이 미친 소를 사려는 사람이 나타나지 않았습니다. 그 때 한 사람이 나서더니 아주 형편없는 값을 불렀습니다. 상인은 울상이 되어 좀 더 소 값을 받으려고 애걸했습니다. 그렇지만 소를 사겠다고 나선 사람은 막무가내, 헐값에 소를 샀습니다. 제가 본 것은 여기까지입니다. 소를 산 사람이 소를 끌고 가 버리자 다른 사람들과 함께 집으로 돌아왔습니다. 그런데 더 놀라운 일이 그 다음에 벌어졌습니다. 소를 사서 끌고 가던 장사꾼은 목이 말라서 소를 강가의 나무에 매어 두었습니다. 그리고는 강으로 내려가 엎드려 물을 마시는데, 갑자기 나무에 매어둔 소가 달려들어 장사꾼을 들이받았습니다. 그는 창자가 터지고 온 몸이 피투성이가 되어 강물에 빠져 죽고 말았습니다. 이 소식을 들은 가족들이 달려와 소를 잡아 죽이고, 가죽은 가죽대로, 고기는 고기대로 잘라서 팔아 버렸습니다. 그러나 소머리를 사겠다는 사람은 없었습니다. 그런데 고기며 가죽을 팔 때마다 사람을 죽인 소라고, 마귀가 씌었다고 말하며 흥정을 훼방하는 사람이 나타나 다시 한번 헐값으로 팔게 되었습

니다. 결국은 그 훼방꾼이 소머리를 아주 헐
값으로 사게 되었습니다. 소머리를 산 사람
은 새끼줄로 소머리를 얽어 등에 지고 갔습
니다. 그는 성 밖으로 나가 시골길로 접어드
는 지점에 이르러 소머리를 나무 위에 걸어
두고 잠시 나무에 기대 앉아 졸기 시작했습
니다.

이 때 새끼줄이 스르르 풀리면서 소머리
가 그 사람의 머리에 떨어져 그 사람은 그
자리에서 그만 뇌진탕으로 죽고 말았습니
다.

죽림정사로 달려온 사람의 이야기는 이
러했다. 사람들이 놀라고 당황하여 온 성이
웅성거리는 것은 당연했다. 나는 이 사람과
죽림정사 안에 있는 많은 대중들을 둘러보
았다. 이 때 북이 울리며 임금이 신하들을

거느리고 죽림정사로 들어섰다.

'부처님이시여! 소 한 마리 때문에 백성들의 마음이 놀라고 어지럽습니다. 그 연유를 알고자 하여 부처님을 뵈러 왔습니다.'

나는 임금에게 자리를 권한 후 다른 중생들을 향해 이렇게 설하였다.

'본래 사람이나 짐승이나 우연이란 없는 것, 모든 선악과 부귀공명, 생사도 역시 인과의 이치임을 알아야 하느니라. 지금 여기 중생들이 걱정하는 그 소와 죽은 세 사람의 상인들은 전생에 서로의 과보가 있었느니라. 전생에 세 사람은 한 패였느니라. 세 사람이 함께 돌아다니며 물건을 사고파는 데, 서로 전혀 모르는 사람인 것처럼 꾸며 한 사람은 값을 깎고, 한 사람은 값을 올리며, 또 한 사람은 중간에 나서 물건을 팔려는 사람에게 적당한 값이라고 부추겼느니라. 또 자기들이 물건을 팔 때도 이와 비슷한 방법으로 사람들을 울리거나, 잘 속지 않는 사람은 협박하고 윽박질러 빼앗다시피 하였느니라.

어느 날 이들이 장사를 하다가 날이 저물자 부근에 잠잘 만한 곳을 찾았으나, 주막이 보이지 않았다. 한참을 두리번거리다가 어느 오두막집으로 들어가 사정을 말했느니라. 하룻밤만 자고 가게 해 주시면 후한 사례를 하겠다고 아주 점잖게 청한 것이니라. 그 집에는 노파 한 사람이 살고 있었는데, 집이 너무 좁고 초라하며, 마땅하게 시중들 만한 사람도 없다고 거절하였다. 그러나 이 세 사람의 불한당들은 노파 혼자 사는 집이라 오히려 마음속으로 기뻐하였다. 그래서

더욱 정중하게 부탁하며, 사례를 두둑하게
하겠다는 말을 특히 강조했느니라.

노파는 이 사람들의 사정도 들어주고, 또
얼마간의 돈도 생길 거라는 생각으로 허락
하였다. 이 집 저 집에 가서 이부자리도 빌
려 오고, 찬거리며 쌀, 온갖 음식들을 마련
하여 아주 극진하게 대접한 것이다. 세 사람
은 배가 터지도록 먹고 편안하게 잘 잔 다
음, 노파가 없는 틈을 타서 도망쳐 버리고
말았다. 사례는커녕 인사말조차 없이 그들
이 달아난 것을 안 노파는 그만 땅에 주저앉
았다. 괘씸하고 분한 마음과 이웃에서 꾸어
온 음식 걱정 때문에 노파는 기를 쓰고 그
들을 뒤쫓아 갔다. 한참 후에야 그들을 만난
노파는 이렇게 말했느니라.

'여보시오. 식비와 숙박비를 내고 가야 할

게 아니오? 그렇게 아무 말도 없이 도망가
는 법이 어디 있소?'

그러나 이 세 사람은 금시초문이라는 듯
시치미를 뚝 뗐다. 마을 사람들이 점점 모여
들자 이들은 갑자기 표정을 바꾸며 말했다.

"할머니 망령이 드셨습니까? 우리가 떠나
올 때, 할머니가 너무 고맙게 잘해 주시고,
또 가족도 없이 혼자 쓸쓸하게 지내시는 것
이 마음이 걸려 한 사람당 열 냥씩 거두어
드리지 않았습니까? 우리 부모님에게 하듯,
안녕히 계시라고 인사까지 드렸는데 이게
무슨 말씀입니까?'

노파는 너무 기가 막혀 숨이 막힐 지경이
었느니라.

'이 날도둑 같은 놈들아! 돈 삼십 냥은 고
사하고, 단 돈 세 푼도 내놓지 않고, 어떻게

그런 거짓말을 하느냐?'

노파가 악을 쓰고 발버둥을 쳤지만, 불한
당들은 태연하게 그저 쳐다보기만 했다. 그
모습을 본 마을 사람들은 흩어져 가면서 혀
를 찼느니라.

그리고는 노파가 미쳤거나 망령이 들었
을 거라고 수근거렸다.

노파는 있는 힘을 다해 불한당들의 멱살
을 잡고 흔들었지만, 다 늙은 노인의 힘으로
그들을 당할 수가 없었다. 끝내 노파는 그들
에게 길바닥으로 내팽개쳐졌다. 그 바람에
노파는 몸이 다치고 팔다리가 부러졌느니
라. 노파는 한없이 울다가 나중에는 무정한
마을사람들까지 원망하기에 이르고는 이렇
게 다짐한 것이다.

'두고 보아라. 내 너희 놈들을 절대로 용

서하지 않겠다. 금생이 아니면 내생, 아니
내후 생에서라도 쫓아가 원수를 갚고야 말
겠다.'

　그렇게 노파는 죽어 간 것이니라.

　여기까지가 노파와 세 사람의 불한당들
이 얽힌 인과이니라."

　부처님께서 이렇게 말씀을 마치자 모든
대중들은 인과로 인한 과보에 대해 더욱 확
실한 믿음을 갖게 되었다.

　이 때 아난이 거듭 부처님께 여쭈었다.

　"말세중생이 복이 없고 마음이 더럽혀져
인과를 알지 못하고 종종 타락의 길로 빠져
듭니다. 그러나 부처님의 말씀으로 이 경전
이 이 세상에 항상 있으니, 만약 혼자 수행
하는 비구·비구니와 우바새·우바이가 이

경을 쓰고 널리 전하며, 간절히 염송한다면, 모든 사람들의 부귀영화와 건강과 소원이 이루어질 것입니다.

또 불국정토 극락세계의 아미타 부처님이 계신 연화대에 태어나리라는 수기를 부처님께 받지 않겠습니까?"

부처님께서는 이렇게 대답하셨다.

"수만 가지의 업은 스스로 지어 받는 것, 지옥에 들어가서 고통을 받은 들 누구를 원망할 것이냐? 인과를 현재 보는 사람이 없다고 말하지 말라. 멀리는 자손에게 미치고 가까이는 자기 몸에 이르느니라.

만약 어떤 사람이 《삼세인과경》을 받아 지니면, 모든 부처님과 보살들이 선업을 지키고 밝혀 주느니라.

누구든지 《삼세인과경》을 써서 돌리면,

세세생생에 걸쳐 자손은 번창하고 앞날이
열릴 것이니라.

누구든지《삼세인과경》을 지니고 다니면,
흉악한 재앙과 모진 횡액에서 벗어날 수 있
느니라.

누구든지《삼세인과경》을 설하면, 세세생
생에 총명함을 얻으리라.

만약 전생의 인과를 묻는 사람이 있다면,
동서고금의 어진 임금이나 성현을 보라. 그
들은 전생에 복을 많이 지어서 어진 임금으
로 태어나고, 성현이 되었느니라.

만약 후세의 인과를 묻는 사람이 있으면,
질투가 많고 악독한 사람을 보라. 그들은 죽
은 다음 축생으로 태어나리라.

만약 인과의 감응이 없다면, 목련존자의
어머니가 어떻게 아들의 천도로 천상에 태

어날 수 있었으랴?

누구든지 《삼세인과경》을 깊이 믿고 닦아 행하면 내세에는 극락세계에 태어나느니라.

인과의 깊고 넓은 뜻은 쉽게 말할 수 없으나, 불·법·승 삼보와 천룡·야차, 모든 호법신장이 착한 사람을 지킬 것이다."

부처님께서 이렇게 설법을 마치시니, 천인·용·모든 호법신장과 사람, 사람 아닌 모든 중생들이 다함께 기뻐하며, 믿고 받들어 행하기를 맹세하고 물러갔다.